山口組三国志 織田絆誠という男

溝口 敦

講談社＋α文庫
プラスアルファ

文庫版のためのまえがき

本書の元版が出てまだ一年足らずだが、その間にも他の二派に対する任侠《にんきょう》山口組の影響力は強まり続けている。任侠山口組の動き次第で三派に分裂した山口組が今後どう変わっていくか、その方向性まで決めかねない勢いである。

発足後、任侠山口組が着実に組員数を増やしているのはもちろんだが、単に組員数の増加だけが影響力の要因ではない。任侠山口組を率いる代表・織田絆誠《おだよしのり》の現状認識と主張が他派をも巻き込み始めている。

確かに今の時代、ヤクザが抗争で他派を完全に打ち負かすことはできない。たとえ運よく敵の組長や若頭《わかがしら》の首を挙げられても、攻撃は警察の徹底捜査を招き、実行犯の組員ばかりか、自派の若頭や組長まで逮捕・起訴され、彼らが長期間、服役を余儀なくされることで組織自体が瓦解しかねない。

警察力がこれほど強化され、暴力団が四六時中、監視されている世の中では、暴力団にとっても暴力は割に合わない時代になった。攻撃は敵の反撃を招くばかりか、警察から強力なしっぺ返しを食らい、ダブルの反作用を受けることになる。

であるなら、今後山口組の三派に残された手はあるのか。あるとしたらどんな手があるのか。

一つは三派が鼎立《ていりつ》している現状をよしとして、なんら攻撃にも報復にも動かないことである。現状のまま固まって、後は時の風化にまかせる。しかし、そうはいっても三派はそれぞれ他派に対して緊張と敵愾心《てきがいしん》を持ち続けるから、それぞれに所属する組員たちは各地でぶつかり合い、小競り合いを起こしがちになる。よって彼らが手掛ける経済行為、つまりシノギはやりにくさを増し、彼らの生活レベルはさらに低下するだろう。

二つ目は三派が再統合することである。一足飛びに再統合することが難しいなら、その前の段階として、二派あるいは三派が和親協定を結んで平和共存を図るか、同盟を結ぶか、吸収合併の形をとるか、いずれかになろう。どのような場合にも首脳部同士の話し合いが必要になるが、すでにこうした動きは始まっている。

ここで三派関係の流れをたどっておこう。

六代目山口組は二〇一八年三月五日、山口組総本部で開かれた定例会で「五十《プラス》一名」の永久追放を通達した。すなわち神戸山口組からは井上邦雄組長、入江禎《ただし》副組長、池田孝志最高顧問、寺岡修若頭、正木年男総本部長の五人の名を挙げた。もともと六代目山口組から絶縁処分を受けた者たちである。彼らが六代目山口組に戻ることは今後あり得ない。

さらに六代目山口組は永久追放者に任侠山口組・織田絆誠の名を加えた。織田は司忍組長と盃関係がない。親分―子分関係でないのだから、絶縁、破門は本来あり得ない。そのため六代目側は絶縁ではなく、便宜上「永久追放」という言葉を使ったと見られる。任侠を旗揚げした織田代表の存在がよほど目障りだったのだろう。

そして同じころ配布した機関誌『山口組新報』に、他の二派とは「もはや雌雄が決している」とも記した。すでに神戸とも任侠とも勝敗は決したという勝利宣言だったはずだ。

四月には神戸山口組、任侠山口組の名称を使うな、代わりに「神戸絶縁組」、「任侠謀反組」などの呼称を使うよう、組内で徹底せよと伝達した。ほぼ同じころ、一部のブロックで「八月までに敵対組織の傘下組員たちを復帰させよ」との伝達を流した。

つまり切り崩し工作の期限は八月までだ、それまでは過去の足跡を問題にせず、暖かく迎え入れるといった意味だったろう。

だが、六代目山口組側からするこうした呼び掛けは、それほど成果を挙げなかったと見られる。任侠山口組からはもとより神戸山口組からも呼び掛けに応える者がさほど出ず、二派とも崩れることなく存続している。六代目山口組にとっては予想外の事態だったろう。

で、六代目山口組は次なる工作に踏み切った。任侠山口組に着目し、任侠全体を六代目側に引き戻せば、神戸山口組はより孤立し、放っておいても自壊するはずという思惑の下、六月ごろから任侠の執行部に使者を三ルートで送った。「六代目山口組に戻ってもらえないか。そのために織田代表と話し合いができないか」という誘いかけである。

織田はかつて神戸山口組の若頭代行だったとき、六代目山口組から同様の接触を受け、同組若頭補佐のひとり、高木康男からの申し出を容れて、高木と復帰の条件について話し合ったことがある。だが、話し合いは六代目側の謀略的な対応で決裂、あげく六代目側から事実を真逆に伝えるデマ情報を流された経験がある。

過去、そうした苦い目を見ているから、六代目側の打診には容易に乗らない。三ルートのうち直参が使者の二ルートについては最初から相手にしなかった。だが、司忍組長が親交する一般人を使者に立てたルートに対しては、実際に会い、話し合いを持った。この一般人には司組長の直系といっていい六代目山口組の直参が世話役としてついていた。

六代目側、任侠側、警察サイドなどの情報を総合すると、使者の言い分はおおむね次のようなものだったらしい。

「二度と六代目山口組を分裂させないために、山口組の改革が必要である。改革のため織田代表は必要とされている。改革とは外側からするものでなく、内側からするものだと思う。六代目山口組側はしかるべき椅子を用意して織田代表を迎える」

こうした口上に織田は心を動かされたようだが、いくつか疑問点を質すことを忘れなかった。

まず六代目側は三月に織田を永久追放している。そういう人間を組織に迎えることができるのか。

これに対して使者はこう答えた。

「あれは執行部の一部の意向であって、六代目山口組の総意ではない。また任侠側は六代目側が処分した人間も抱えているようだが、一度抱えた人間を処分せよとはいわない。すべて現状のままでよい。任侠の組織丸ごとで六代目山口組に戻ってほしい」

しかし三月からの動きを見るだけでも、六代目山口組側の態度、言動はぐらついている。勝負は決したといいながら、八月までは敵対組織を切り崩せと通達し、他方、八月に入ってもまだ六代目山口組に戻ってくれと懇願する。一体、六代目山口組の真意はどこにあるのか。

織田は話し合いを重ねるかたわら、任侠山口組の直参六〇名にひとりひとり「腹の内を明かしてほしい」と面談した。六代目山口組への復帰についてどう思うか、意見を徴したのだ。と、六代目山口組の言い分は信用できない、山口組を改革する意志がほんとうにあるのか疑問だという声が少なからずあった。とはいえ、大半の者は「(織田)代表に一任する」と答えた。

六代目側に戻って改革に手を染めたはいいが、寝首をかかれたのでは織田の大望である山口組の改革、ヤクザ改革は吹き飛ぶ。任侠山口組も存立の基盤を失う。任侠の直参たちは三派鼎立の現状を必ずしも苦にしていず、六代目山口組への復帰について冷静に慎重に見てくれていると織田は感じたらしい。

六代目側は当初、任侠の復帰案を早急にまとめ、八月二〇日の緊急執行部会で発表する腹づもりだったが、織田は曖昧な話を飲むつもりはない。結局、両者はいずれ仕切り直そうということで復帰話を一時中断した。

他方、神戸山口組と任侠の間でも統合話が持ち上がった。神戸山口組の幹部が言う。

「七月に神戸は六代目と任侠の復帰話が進んでいることを知り、そのまま放置すれば神戸だけが沈んでしまうと、入江禎副組長や池田孝志最高顧問、それに太田守正舎弟頭補佐が危機感に駆られた。が、六代目より前に任侠と再統合できれば、まだ神戸は敗色を拭って巻き返せると、任侠に再統合への働き掛けを始めた。

しかし、七月二七日に開かれた執行部会で井上邦雄組長と中田広志山健組組長が任侠との再統合に反対し、頑として譲らなかった。彼らは織田憎しで固まり、やっていることは（山健組系の）健竜会組員を中心にネットで任侠のデマ情報をアップさせることだけだった。

だから今、神戸の良識派幹部が考えていることは井上派を除く神戸山口組で任侠と同盟を結ぶ。それなら神戸は沈没しないですむ」

任侠としても、神戸との統合はあり得ない。二〇一七年九月、織田を銃撃しようとした山健組傘下の組員が織田の警護役、楠本勇浩に阻まれて楠本を射殺、逃走する事件があった。楠本の一周忌は一八年九月一二日である。この事件の解決がないまま神戸山口組と任侠が手を結べるはずがない。井上などが引退すれば、話は別のはずだが。

今後、三派の復帰、統合がどう進むか予断を許さないが、ここまでの記述でも明らかなように、織田は六代目山口組、神戸山口組の両方にとって、組んでもらいたい相手であり続けている。彼は両派にとって欠かせない人物なのだ。いずれにしろ織田は今後とも山口組の将来に重要な影を投げかけていくことだろう。

本書は現在と将来の山口組を理解し、展望する上で欠かせない本だと筆者は自負している。山口組の中にかすかに流れていた真の要素——。それがいよいよ誰の目にもわかる形で開花していくはずである。

二〇一八年九月

溝口　敦

山口組三国志　織田絆誠という男◉目次

第五章 実録 神戸山口組の設立 初めて明かされる六代目脱退劇の深層

山口組三国志　織田絆誠という男

（　）内は断り書きがない限り、筆者による注です。

序

二〇一七年四月三〇日、それまでの「神戸山口組」を割って出て、「任侠団体山口組」（その後同年八月「任侠山口組」と改称。以下これで通す）が尼崎で結成された。代表に就いたのは神戸山口組で若頭代行（懲罰委員を兼任）で、またその傘下の四代目山健組でも副組長だった織田絆誠（五〇歳・当時）である。

山健組には九〇人前後の直参（山健組本部に名を連ねる直系の若衆や舎弟）がいた（正規登録者数は一二〇〇人。うち服役者は二〇〇人）が、織田はその三分の一、三〇団体（正規登録者数では三分の一にあたる六〇〇人。服役者一〇〇人を含む）を引き連れ、任侠山口組を結成した。同組は他の神戸山口組の直系組織（四代目真鍋組、三代目古川組など）と、六代目山口組系の組織（京滋連合）をも加え、おおよそ五二団体で発足している。広域団体として、勢力は北海道・札幌から九州・鹿児島にまで及ぶ。

警察は任侠山口組の分裂を神戸山口組、もしくは四代目山健組の内輪揉《も》め、内紛と

見たがった が、実質は第三の山口組への分裂であり、新団体の誕生だった。

まとめていえば、六代目山口組（司忍組長、髙山清司若頭）は二〇一五年八月に神戸山口組（井上邦雄組長、寺岡修若頭）を分裂させ、その神戸山口組が二〇一七年四月に任侠山口組（織田絆誠代表、池田幸治本部長）を分裂させたわけだ。

ここに山口組を名乗る団体が三つ存在し、三派鼎立の状態が生まれた。今後、三派のうちどこが勝ち残り、どこが生き残るか、「山口組三国志」という物語が始まっていく。

ご承知の通り、山口組は日本最大の暴力団である。三つに分裂した今なお六代目山口組のメンバー数は日本最大であり、神戸山口組も、任侠山口組も、ともに全国で五本の指に入ろうかという大勢力である。山口組三国志の帰趨《きすう》が、これから日本暴力団全体の動向を左右していくことは間違いない。

山口組三国志は組織と個人の物語になるはずである。そうでなくても、これまで二度発生した分裂劇自体が個人と組織との相剋《そうこく》の結果だった。

分裂劇を理解するためには、ある程度周辺情報を知っておかなければならない。その意味で過去の経緯と因縁を箇条書き風に踏まえておこう。

①五代目山口組組長だった渡辺芳則は山健組（本拠地は神戸）の出身であり、彼が五代目組長だった時代（一九八九〜二〇〇五年）に山健組を優遇した。当時は「山健組に非《あら》ざれば山口組に非ず」とさえ言われた。若頭補佐の一人だった司忍が率いる弘道会（名古屋）に対しては、敵視しないまでも冷遇した。当時、「司忍だけは組内ナンバーツーの若頭には就けない」が渡辺五代目のホンネと伝えられていた。

②司忍は二〇〇五年、クーデター同様にして渡辺芳則を引退に追い込み、次の六代目である山口組の組長に就いた。この司忍による山口組運営は今なお「六代目山口組」として続いているわけだが、「神戸山口組」が分裂・結成されるまでの間、井上邦雄と彼が率いる山健組は冷遇され続けた。つまり五代目から六代目への移行で山口組の主流派が山健組から弘道会に移り、山健組は非主流派に転落して冷や飯を食わされた。

③井上邦雄はついに二〇一五年、司に叛旗《はんき》を翻《ひるがえ》し、井上に同調する山口組の直参（直系組長）たちを引き連れて山口組を脱退、別に神戸山口組を立てた。

④その幹部の一人だった織田絆誠は神戸山口組の結成から約一年半後、井上が神戸山口組でやっていることは司―髙山（山口組若頭。現在は府中刑務所で服役中）ラインが六代目山口組でやってきたこととなんら変わらないと公然たる批判に踏み切り、一七年四月、任侠山口組を分派・結成した――という流れになる。

近年の山口組に一貫して流れているのは過去の組長や若頭に対する恨みつらみといえる。司は山健組による優遇支配として、五代目・渡辺芳則と山健組を憎悪し、井上は弘道会による専制支配として、司―髙山ラインを嫌い抜いた。

つまり政権への批判は、どこの誰が山口組組長の座を取るか、という戦いだった。棒倒しゲームのように勝ち負けは単純であり、施策の善し悪しを問うものではなかった。

山口組の組長は原則として終身制である。命ある限り、組長の座に留まり続ける。この原則が崩れたのは五代目組長・渡辺芳則が在任途中で引退を強《し》いられたのが最初であり、今のところ唯一の例である。

執行部に強制された五代目・渡辺芳則の引退が例外となるのか、それとも組員に人気がなく、支持されない組長は中途退任するというルールが山口組の新ルールになるのか、今のところ不明である。

六代目・司忍の代になってからは、幹部の離反や、それに伴う絶縁、除籍などの大量処分、最終的には分裂、別派の誕生など不祥事が続発している。もはや組長の座は「批判無用」の絶対ではないと見られる。すでに執行部（幹部）の同意や理解、協力なしに組長であり続けることは難しくなっている。

しかし、六代目山口組の司忍、神戸山口組の井上邦雄は、ともに組長の座に就くことを最終目的としていたとはいえそうである。

二人とも、まずトップになって山口組をどうしたいか、どちらの方向に進ませたいか、施政方針や抱負の類を持たなかった。彼らは組長に就任後はトップの座がもたらす権勢と経済的利益を貪《むさぼ》ることに熱心で、自分の施政に疑問を持つことさえなかった。二人は揃って組の運営に明確な理念や目標を持たず、組長の座をいわば「ヤクザ双六《すごろく》」の上がりと考えたから、容易に拝金主義や色ボケなど「暗愚の帝王」に成り下がった。

彼ら二人に比べ、織田絆誠は任侠山口組で組員の生活をどう変えたいか、ヤクザ業界全体をどう変えたいか、明確な考えを持っているように見える。後で彼が発した直接の言葉を随所で紹介するが、明らかに前の二者とは違った観点から立ち上がったように思える。彼は山口組の歴史の中で初めて登場した理念や経綸《けいりん》を併せ持つトップといえよう。

織田はもともと五代目山口組で若頭補佐の一人だった倉本広文が率いた初代倉本組（奈良）の出身である。主流派の出ではない。

親分の倉本が一九九八年に急死した後、織田は二〇〇二年三月二八日、旭川刑務所を満期出所し、大阪で「織田興業」を再結成した。同年、当時、山健組系の健竜会会長だった井上邦雄の盃を受け、健竜会入りした。健竜会は山口組五代目・渡辺芳則が最初に創設した組であり、健竜会の会長だった者が直後に山健組の組長に上るなど、山健組では「名門」といわれていた。以後、織田は健竜会と山健組の昇進階段を急速に上った経歴を持つ。

しかし織田は山健組では外様であり、かといって山健組の外育ちでもなく、本当の意味での中育ちでもない。

よって山健組に対しては、反省の念は持つものの、恨みつらみは持たず、過去の愛憎の念に左右されることが薄い。しかし直接、井上邦雄の謦咳《けいがい》に接し、彼の組長としての器量を身近に見ている。また司忍の山口組支配（これを「弘道会支配」「名古屋支配」などともいう）に対しては、山健組の幹部として直接的、間接的に体験している。

織田は山口組のしがらみを離れて、山健組や弘道会を比較的、平静に見られる立場にある。後で触れるが、彼はそれまでの山口組の二派、司や井上とは異なり、初めて山口組の改革、ヤクザ世界の改革を唱えた人間である。雄弁家であり、実績と言葉によって中堅、若手層を結集できる改革者的な一面を持つ。

『三国志』は三世紀の中国を舞台に曹操《そうそう》の曹魏《そうぎ》、劉備《りゅうび》の蜀漢《しょっかん》、孫権《そんけん》の孫呉《そんご》――三国が争い合った時代を描くが、最終的に勝ち残った者はいないとされる。

山口組三国志の決着が今後どういう形でつくのか、予測は極めて難しいが、本書では任侠山口組の織田絆誠を中心に据え、叙述を進めていきたい。

筆者はここ二年足らずの間、織田に一〇回前後インタビューしている。本書では極力、織田の直接の語りを生かしたい。その方が読者にわかりやすく、親しみやすく、また織田の人となりがより身近に感じられるはずと考えるからだ。

また織田は恨みつらみと味方身びいき、トップの下部からのカネの収奪の三つをキーワードに、五代目・渡辺芳則体制と六代目・司忍体制、そして井上邦雄・神戸山口組体制を総括して、反面教師として学び取り、これから実施すべき組運営指針や、トップの守るべき姿勢を模索しようとしている。

筆者も本書の章立てを恨みつらみや味方身びいき、カネの収奪をキーワードに過去の体制を見ていく。案外、有効な視点であり、これにより過去の欠陥がどこにあったか、読者にもすっきりわかってもらえると思う。

山口組三団体の鼎立状態は、煎じ詰めれば内外両面の危機から生まれている。外的危機としては、暴力団対策法（暴対法）や全都道府県が持つ暴力団排除条例（暴排条例）、銀行や保険、不動産業界などが定める暴力団排除要項、組織犯罪処罰法などが挙げられよう。山口組や系列組員はこれらにがんじがらめにされて一般社会から排除され、今や彼らの基本的人権さえ危ぶまれる状態に置かれている。

組員は新規に銀行口座や証券口座を持つことができない。住宅や車、携帯電話などをローンで買うこともできない。民間の賃貸住宅も借りられない。生保や損保に加入すること、ゴルフ場でプレイすることも難しい。組織名では歳暮、中元の品を宅配便を利用して贈ることもできない。子供の授業料の自動引き落としや給与の自動振込も困難で、大都会ではシティホテルに宿泊することもできない。

甚だしい場合には仲間が死んでも葬祭場を借りられず、組事務所に数人分の鮨の出前を頼むこともできない。

これらは暴力団に対する「利益供与」と見なされ、土地ごとの暴排条例が「利益供与」した民間業者にもペナルティーを科すからだ。

こうしたことは山口組に限った禁止条項ではなく、全暴力団に押し及ぶ禁圧項目である。組をやめてから五年以内の元暴力団組員も同じ扱いを受ける。よって刑務所から出所したばかりの元組員は住まいを借りることもできない。仮に必要書類に家族や知人の名を借りて署名しようものなら、詐欺や偽造私文書等行使罪などで逮捕される。

つまりヤクザ、暴力団は現代社会に生きる資格なしと宣言されたに等しい。警察や検察、裁判所、国や自治体、業界団体などが揃ってヤクザ、暴力団を敵視している。とりわけ警察は暴力団の壊滅を言い立て、記者クラブ経由で警察に情報提供を仰ぐマスメディアも、その尻馬に乗ってヤクザ、暴力団を安心して叩く。ヤクザ、暴力団を庇《かば》う組織や人はこの世にほぼ存在しない。人権派の弁護士でさえ、彼らの代理人になることに難色を示す状況が存在する。

なぜここまでヤクザ、暴力団が嫌われたのか。ヤクザ、暴力団は自分たちの処遇がなぜこうなるまで放置したのか。それ自体が問題だが、ともあれ、山口組に限らず全暴力団がこうした外的危機にあることは明白な事実である。

内的危機は組織と経済に深く関わっている。ヤクザ、暴力団の組員を長く律してきた盃事による親分―子分関係にガタが来ているのだ。

親分からもらった子分という身分を、親分の許可なく抜け出る行為は、もらった盃を親分に突き返すことと同じとされる。

よって「逆盃《ぎゃくさかずき》」と呼ばれてタブーとされているが、今という時代ほど伝統的な「盃事」と、それに伴う「擬制血族関係」が崩れた時代はなかろう。

親分―子分関係は雇用関係ではない。私的関係であり、法は介入できないし、介入しない。しかも親分が子分にこづかいを渡す関係ではなく、稼いだカネを親分に差し出すのは子分の役割である。そうでなくても子分は、日常生活を組のために厳しく律せられて、組のため、組長のため奉仕させられている。

これに対して、親分が子分に提供できるのは、この者はこの組に所属しているという代紋の使用権だけだ。組員が懲役に行った場合、何年後か、あるいは何十年後かに出所した組員を手厚く出迎え、いい待遇を与えるというのが組の最低限の責務とされてきたが、これはほとんど反故《ほご》にされている。

殺傷行為に対する判決は重罰化する一方で、今では無期や懲役二五年、三〇年といった長期刑がざらに見られる。服役者が命あるうちに出所できたとしても、そのときには迎え入れる組はなく、厚遇する資金の貯えも組のポストもない悲劇が生まれる。

つまり親分は子分に差し出せる物が何もないくせに、子分から奪う一方なのだ。代表例が月の会費だろう。親分は子分たちが月々納める一人当たり数十万円もの会費を私的経費とすることで、その生活は栄耀栄華を極める。親分の多くはそれを親分という地位に付随する当然の権利と考え、子分により多くのカネを運ばせようとする。

子分にとって盃が課す義務は片務的だから、ヤクザの業界倫理や盃事が崩れるのは時間の問題でしかない。

換言すれば、ヤクザ、暴力団組織そのものが時代に後れて立ち往生している。親分―子分関係はよほどのマゾヒストにしか耐えられないシステムなのだ。組織的な合理性はどこにもない。

任侠山口組では、暫定的な形ではあるものの、親子盃をせず、組長制を敷かず、中堅組員を横並びにして、単に織田絆誠という代表を置くだけである。しかも月会費はオール一〇万円以下と定めている（二〇一八年、一律五万円とさらに値下げ）。

こうした形が定着するかどうかは別だが、これもヤクザ改革の一部にちがいない。

織田はヤクザ、暴力団が反社会的勢力であることをやめなければ、今の社会的な爪《つま》弾《はじ》きから抜け出せないと考える。そのためには少しでも社会の役に立つ存在でありたい。街の人にたまには感謝される存在になりたい。それが「任侠山口組」という名乗りなのだ。

具体的には街から不良外国人グループを追い出し、高齢者や弱者を騙してカネづるにしない指導を半グレ集団に行う。あるいは海外在住の日本人を内戦やテロから保護する活動なども手がけたい。

任侠といえば、一口に「弱きを助け強きを挫《くじ》く」存在だろうが、今さらヤクザにそんな行動が取れるのか、疑わしく思う人も少なくないにちがいない。

任侠は浪曲や物語の世界でのヤクザであり、おまけにそれが成立したとしても、個人にであって、組織が任侠風に振る舞うのは難事だろう。警察も、ヤクザが街の治安向上に乗り出せば、紛らわしいことをするな、と迷惑がるかもしれない。

はたして「任侠」が世に受け入れられるか疑問だが、少なくとも従来型の考えないヤクザ、暴力団より、自分たちが世に受け入れられるためにはどうすべきか、ヤクザ当人たちが考えるだけでも前進だろう。任侠を実践するためには、そのヤクザの器量と感性が問われるのだ。カネ儲けや遊蕩《ゆうとう》し放題のヤクザ、暴力団のトップができることではなく、個人的資質が問われるようになる。

ヤクザ、暴力団が新しい枠組み、規範を求めているのは確かである。それにどこまで応えられるかが、生き残る組織を決めていくのではないか。

つまり山口組は内外ともに危機を迎え、時代の曲がり角にさしかかっているから、三つの山口組の鼎立状態、つまり「山口組三国志」が生まれたとも考えられる。なんらかの新しい方法、システムを手にしなければ、彼らの明日どころか、今日がないのだ。

三つの山口組はそれぞれ暴力団対策法や組織犯罪処罰法の適用を恐れ、中でも「特定抗争指定暴力団」への指定と、トップが「組織的殺人」で逮捕、収監されることを嫌い、銃器を使った相手への攻撃を極力、手控えている。この点、一九八四年から八九年まで足かけ六年に及んだ「山口組対一和会抗争」とは大きく様相を異にする。山一抗争では双方合わせ死者二九人、負傷者六六人を出した。

しかし山口組三国志でも山一抗争時の攻撃法が一部だが、再現されている。

二〇一六年五月、神戸山口組の直系池田組の若頭・高木忠が六代目山口組の主力部隊である弘道会系組員・山本英之により射殺された（山本への判決は無期懲役）。

二〇一七年九月には神戸山口組の同じく主力部隊である山健組系組員・黒木こと菱川龍己が任侠山口組代表・織田絆誠の乗った車に車をぶつけて停止させた上、織田を警衛する組員・楠本勇浩を射殺した。黒木ら襲撃班は楠本の対応に慌て、織田を無傷のまま攻撃を中断して、逃走した。

二つの事件とも組織のトップが必殺を期して決断、指示し、配下の組員を動かした事件のはずだが、一方は成功し、一方は失敗した。襲撃に際して、事件にきびすを接して動く警察の捜査を考慮せざるを得ない状況が続くが、それでもトップが必要と判断すれば、ターゲットに向けて銃弾が発射される。今後、三国志の最終決着がつくまでの間、何度か同じような殺し合いが発生するにちがいない。当事者がヤクザ、暴力団であるからだ。

第一章　任侠山口組の誕生

若きカリスマが挑む「脱反社」という最終目標

織田絆誠が神戸山口組から離れ、一本独鈷《どっこ》で行くと決めた二〇一七年四月三〇日、筆者は任侠山口組の結成式の直後に、織田に単独インタビューした。

織田が何を考え、人柄はどうかなどは、織田インタビューに直接目を通してもらった方がわかりやすい。

以下、織田インタビューの要所をご紹介するが、その前に任侠山口組結成式での幹部たちの発言をお伝えしたい。予備的な知識を仕入れるためにはもってこいの発言ばかりだからだ。

ともに支え合い、助け合える組織

四月三〇日午後、任侠山口組は兵庫県尼崎市の古川組本部に、任侠山口組への移籍を明らかにした神戸山口組の幹部や山健組の直参たち約五〇人を集め、結成式を開いた。その後、一部の新聞や雑誌記者を対象に記者会見を開いた。

まず任侠山口組の本部長に就いた池田幸治（真鍋組組長、元神戸山口組若頭補佐、尼崎市）が結成に当たり次のような挨拶をした。

〈本日づけを持ちまして任侠団体山口組を結成します。代表・織田絆誠、不肖私、本部を預かります池田幸治です。

一昨年（二〇一五年）八月二七日、神戸山口組の大義に感銘を受け、我々若手・中堅は、日本全国でその大義を信じて、汗を流させていただきましたが、残念ながら大義とは名ばかりで、それは一部の上層部の恨みつらみ、私利私欲であったという事実を目《ま》の当たりにしてしまいました。

「本来の山口組に戻すため、山口組を正すため、そして、我々年寄りはどうなってもいいんだ、若い者の未来・将来のため、立ち上がるので、ついてきてほしい」という(井上組長の)言葉に感動し、この一年数ヵ月、我々なりに頑張って参りました。振り返りますと、誠にもって残念の極みであります。

任俠団体山口組は、神戸山口組が実行しなかった大義を本日より実行し、なお且《か》つ山口組中興の祖である三代目・田岡一雄親分の意に添う親睦団体にして参ります。山口組綱領にある「国家社会の興隆に貢献せんことを期す」を第一に、任俠の原点に返り、日々精進したく存じます。

まず名古屋方式を否定して立ち上がった神戸山口組であります。その名古屋方式の悪政は数々あれど、大きく分けると、

第一に金銭の吸い上げ、

第二に当代の出身母体のひいき、

第三に当代が進言・諫言《かんげん》を一切聞かない、

これでは山口組が自滅の道をたどると、真っ向から否定して立ち上がったにもかかわらず、神戸山口組の現実はその名古屋方式にも劣るそれ以下の悪政でした。

一年数ヵ月間、続けられた悪政の数々の中で、(神戸山口組の)四名の大御所(具体

名は入江禎副組長＝二代目宅見組、寺岡修若頭＝侠友会、池田孝志舎弟頭＝池田組、正木年男総本部長＝正木組）の方々が、心折れながらも、分裂によって若い者を巻き込んだ責任から、結成一年後、昨年（二〇一六年）の八月に三つの改革案を（井上組長に）進言・諫言したところ、

「あれもこれも言うなら、組長は降りる。若頭（寺岡への呼び掛け）、組長を代わってくれ」

という理解しがたい、耳を疑う暴言が返ってきました。

（略）

先程お話しした改革案、三つの内の一つに、当時の織田若頭代行の、山健組との兼任を外すという話が入っておりました。

昨年（二〇一六年）八月の時点で大御所四名の方々から、（井上邦雄組長は）山健組（組長）から籍を外し、神戸山口組に専念するよう要望されました（二つ目の献策として、織田絆誠若頭代行は山健組で副組長を兼任しているが、その兼任を外し、神戸山口組の若頭代行に専任させたいと要望）。そのときに、うちの代表（織田）は明確に（神戸山口組専任を）承諾したにもかかわらず、（井上組長は）未だにはっきりと決められず、ズ

ルズルと今日に至っているわけです（その後、五代目健竜会会長・中田広志を山健組若頭に指名、就任させる）。

それと一つ、織田代表という人物は、山健組の跡目がどうこうよりも、今、苦しんでいる山健組の組員たちをどう救うか、全国の神戸山口組一門の者をどう導くか、そこをいちばんに考える男なんです。

ここで任侠団体山口組について少しお話しさせていただきます。本来、我々の業界では盃を重んじ、忠誠を誓うというのが本筋ですが、一昨年（二〇一五年）八月二七日に、その盃の意味を崩壊させ、併せて絶縁・破門状の重みも崩壊させたのが神戸山口組であります。

この現状の中で我々は盃よりも精神的な同志の絆に重きを置き、あえて盃事はいっさい執り行いません。また組長は空席とし、代表制という形をとりましたが、これは我々が当然の如く組長は織田代表がなさるものと思い、皆で再三お願いに上がりましたが、代表のたっての強い意志のもと、固辞され、承諾は得られず、組長は空席となりました。

これは従来のような我々の業界のあり方では、この新しい船が意図する本来の趣旨に反するのではないかと代表に問われ、本来我々の業界では下の若い者が上を支えるのが当然とされてきましたが、任侠団体山口組では、皆が平等で、ともに支え合い、助け合えるような組織づくりをしたいと切に請われ、やむなく、このような形をとることになりましたことをここに報告させていただきます〉

こうした池田（幸治）本部長の話の後、実際に神戸山口組で苦い体験をした三幹部の口から、神戸山口組の上層部による金銭の吸い上げ、依怙《えこ》ひいきで不公正なトラブル処理などについて、それぞれ報告された。

カネの吸い上げと不公正人事

まず山健組を代表して山健同志会会長・久保真一（任侠山口組本部長補佐の一人）が立ち上がり、次のような報告をした。

〈（井上邦雄組長は神戸山口組が発足した次の日、山健会館四階の大広間に当時一〇〇名以上に及んだ山健組の直参を集め、次のように語った）

不本意ながら山健組の皆さんにはカネの苦労をさせざるを得なかったのだ。これからは山健組の皆さんにはそういった無駄なお金の苦労をしてもらわなくてもよい、会費も下げられると、（井上組長は）そう言ったにもかかわらず、分裂以降フタを開けてみたら、一向に金銭の吸い上げがやまず、会費と年八回の臨時徴収、さらに登録組員一名につき、一万円を徴収するという、名古屋方式の上をゆくようなお金の吸い上げをその後も続けており、多額の使途不明金の詳細もわからないまま、山健組組員においては、財産すべてを持っていかれるような思いを持ち続けていた次第です。
あの八月二八日に皆に頭を下げ、皆さん、もう少し私にヤクザをさせて下さいと号泣しながらの所作はなんだったのか、今となっては頭をかしげる次第です〉

ここで若干会費について説明すると、神戸山口組（一次団体）では、直参たちの月々の会費額は役付で三〇万円、中堅で二〇万円、ヒラの若中で一〇万円と決められていた。

表面的にこの会費額は守られたのだが、神戸山口組の土台ともいうべき山健組（二次団体）では、月々の会費額が七〇万円、八〇万円と高額だった。つまり二次団体の会費額の方が一次団体より高いという異常事態がまかり通っていた。

しかも山健組だけの制度として、別に「登録料」を設け、毎月、直参たちに納めさせていた。

これは山健組の直参たちが、それぞれ組員三〇人を抱えていれば毎月三〇万円を、子分五〇人を擁していれば五〇万円を、それぞれ納めさせるシステムである。

登録料というなら登録した月一回で終わりそうなものだが、登録料は毎月、系列組員一人につき一万円だった。山健組の系列組員が一〇〇〇人なら、月一〇〇〇万円が井上組長の懐に入る。三〇〇〇人なら三〇〇〇万円である。これに基本となる月会費、その他に山健組では臨時徴収（組員たちは「臨徴」と略していた。額は会費額とおよそ同じ）が年に八回も行われていた。

これでは山健組の組員たちはたまらない。いくらシノギで稼いでも、組トップに吸い上げられる一方だったろう。

二番目に山健連合会会長・金澤成樹（任侠山口組本部長補佐の一人）が立ち上がり、次のように報告した。いささか長くなるが、一線ヤクザの生活実態と、組上層部の過酷な取り立てをなまなましく伝える稀少なレポートである。少しだけ簡略化してご紹介する。

〈現在、神戸山口組の主要組織である四代目山健組の運営の中身は、弘道会に対して非難したことと同じようなものです。

ほんの一例をあげさせてもらえば、本年（二〇一七年）一月三一日、名古屋で自決した山健組中京ブロック長、藤森（吉晴）若頭補佐（二代目松藤組組長）のことはご記憶に新しいことと思います。藤森ブロック長がなにゆえみずから命を絶つようなことになったのかを、ご説明します。

昨年（二〇一六年）九月、藤森ブロック長は分裂以降、名古屋という土地柄もあり、組合（ダフ屋の組合）のシノギがほぼできなくなったということもあり、経済的に行き詰まり、（山健組の）会費を滞納する状況になっていました。そして、それを払える目処《めど》もない中、意を決して山健組本部に上がり、窮状を訴え、「役を降ろさせてほしい」と、松藤組跡目の高倉（重典・若頭）の兄弟と一緒にお願いに行ったそうです。

そのとき対応したのは伏見（繁造）若頭（現・山健組顧問）、與《あたえ》（則和）本部長、中田（広志）若頭代行（現・若頭）の三人だったそうです。その三人と藤森ブロック長との四人で約二時間ほど話し合いをしたのち、別室で待たされていた高倉の兄弟が呼ばれ、その三役から、藤森の会費滞納額が一五〇万円ほどある。高倉、先代が困っとるんやから、なんとか助けてやれんのかと言われたそうです。

高倉の兄弟は先代を助けたいのはやまやまなんですが、今の私にはその余裕はありません。なんとかして作れと言われるのなら、事務所を処分して、カネを作るくらいしかないんです、と返答したそうです。

すると、伏見若頭が事務所は山健組の出城やから、売ることはできんやろと言ったのち、驚くことに事務所を担保にカネを作れんのかと言ったそうです。高倉兄弟は、わかりました、借りられるかどうか頑張ってみますとしか言えず、その後、藤森ブロック長と名古屋に戻り、数日かけて走り回り、カネを出してくれる人を探したそうです。

しかし、今のご時世、ヤクザの事務所を担保にカネを貸してくれるような人はなかなか見つからず、伏見若頭に連絡を入れ、貸してくれそうなとこを探しましたが、どこも貸してくれませんでしたと報告したそうです。

するとき、伏見若頭は「中田の代行が担保でカネを出してくれるところを知ってるそうやから、こっちで動いてもええな」と言い、中田代行の若衆である名古屋在住の健竜会・中山氏という男から、高倉兄弟に連絡が入り、事務所担保の融資をするための作業に入ったそうです。

中田代行が言ってきた条件が、一〇〇〇万円以上の評価がある物件にもかかわらず、五〇〇万円なら出せると、先方が言っている、それでもいいか、と聞いてきたそうです。藤森ブロック長、高倉兄弟にしてみたら、会費の未納、二〇〇万近くを払えと言われ、無理だとギブアップしている状態で、二人に選択の余地があるわけなく、お願いします、となったそうです。

しかもその後、金利がつくんですが、三分です、いいですか、と言ってきたそうです。当然、(文句を)言えるはずもなく、お願いしますとなったそうです。しかし毎月一五万円の金利を藤森ブロック長はもちろん、高倉兄弟も払うことができなかったため、その旨を伝えると、それなら金利は三年間据え置きで、三年後に元金と金利三年分を一括して払って下さい、そのかわり抵当権ではなく、所有権に変えてもらいます、と言って、去年の一一月二八日に松藤組事務所の所有権が、高倉兄弟の名義から、健竜会・中田代行の若衆の名義に変わったのです。これが同じ身内、仲間のやることですか。

分裂以降、敵地名古屋（弘道会の本拠地）で命がけで頑張っている者から会費を取るというのも酷なことですが、それを滞納したからといって、事務所を（借金の）カタに押さえますか。誰が聞いても、これは仲間のすることじゃない、と言います。山健組執行部三役揃いも揃って、こんなことを進めて、親分がそれを知らないと思いますか。こんなことをしておきながら、報告をしていないことなどあり得ないです。自分で戦争をしかけて、最前線で戦っている兵隊から、兵糧《ひょうろう》も武器も取り上げるようなことではないですか。ふだんから団結が大事や、和が大事や、助け合いや、と言っているのは口だけなんです。ウソなんです。

山健組の組員全員が、親分がカネを持っていないとは思っていないでしょう。カネがあるのに助けてやらないんです。

私は高倉の兄弟にひょっとしてと思い、藤森ブロック長が亡くなったとき、本部から香典が出たかと聞いたんです。出てないと言っていました。自殺なら出ないと。これが山建組の実状です。

敵地の中で戦わせておきながら、搾り取るだけ搾り取り、残った唯一の財産まで取り、己が死に追い込んでいるのにそしらぬ顔をし、自殺だからという理由をつけて香典すら出そうとしない。

香典の件で私がひょっとしたらと思って高倉の兄弟に聞いたのが、昨年（二〇一六年）一〇月に亡くなった和歌山の紀州連合会・松下兄弟のときも、香典を遺族に渡してやってないからです。当時私は南ブロック長代理をしていましたので、葬儀が終わって、伏見（若）頭に会計報告をし、会計責任者の中田代行と私の三人で親分（井上組長）に報告に上がったんです。そのとき親分は松下の嫁は松下が懲役に行ってるときに籍を抜いとるんやろ、嫁の評判もようないし、そんな嫁にカネを渡したら、飲み食いして子供のためにカネを使わんのとちゃうかと言い出したんです。

その後、我々三人は親分の部屋から退出し、いったん頭の部屋に戻ったんですが、そのとき中田代行は親分があゝ言っていたので、渡し方を考えるので、いったん残りのカネを預かっておきますと言ったので、私は香典の残金約二〇〇万ほどを中田の代行に渡したのですが、その後、それを遺族に渡してやることはなかったのです。以上です〉

たしかにこうした話を聞けば、組長・井上邦雄や山健組幹部に幻滅、失望する。同じ山健なのに、やっていることは一昔前のサラ金ではないか、と言いたくなる。首吊りの足を引っ張るやり方である。

三番目に井上邦雄がいかに山健組にひいきした、不公正な対応をしているか、古川組二代目・山﨑博司（任侠山口組本部長補佐の一人）が報告した。

〈うちの組（古川組）が神戸山口組に移籍して、すぐの昨年（二〇一六年）三月に山健組のとある組織（健國会）の若い者と、うちの組の枝の若い者が揉め、うちの者が重傷を負わされる事件があったんです。

この事件はうちの者は一方的にやられているのにもかかわらず、相手が当代の出身母体の山健組ということもあり、こちらとしては最善の気遣いをし、神戸山口組内の揉めごとであるから、六代目体制とまったくちがう裁きをしてくれると信じ、山健組の誠意にまかせたが、結果、神戸山口組がうたう「当代の出身母体のひいきをしない」とは程遠い、真逆の結果となり、断腸の思いで不本意な結果を受け入れたんです。

うちとしては、この一件で組として大変寂しい思いをしたんです。不本意な裁定とはどのようなものか、詳細をうちの（若）頭の方から説明させます〉

若干、補足を加えれば、「うちの組の枝の若い者」とは古川組の舎弟頭が率いる権《ごん》太《た》会の若頭を指す。彼は大阪で全身六ヵ所を刃物で刺され、ストレッチャーでＩＣＵ病室に運び込まれた。病院側の知らせで、すぐ大阪府警が事情聴取のため駆けつけたが、古川組は健國会側を庇って適当に言い繕い、事件になることを防いだ。正直に被害状況を供述していれば、殺人未遂事件として、健國会側が五～六人逮捕されて当然の事件だった。

新井（孝寿、任侠山口組の情報戦略局長）　うちは皆さんご存じの通り、六代目（山口組）から神戸（山口組）へ希望を持って参加した組織の一つとして、ありのままの現状をお話しします。

まず当時、六代目（山口組）から約三ヵ月遅れで、古川組として移籍したわけです。裏切り者だの、風見（鶏）だの、言われました。その中で我々は神戸山口組の大義ですね、カネは吸い上げない、味方身びいきをしない、いろいろなことを聞いて、これは六代目（山口組）とは違うと、希望を持って移籍しました。

実際、当初、うちとしては経費がぐっと下がり、これは行ってよかった、と組員一同安堵した場面もあったが、月日が経っていくと、何も変わりなかった（とわかった）。

今、説明しましたけども、敵は六代目の名古屋方式という中で、まさか夢にも当代の出身母体、山健組の人が手前どもの枝の若い者にけがを負わした。そのこと自体に耳を疑いました。うちとしては断固抗議した。名古屋と花隈（山健組の本拠）は違うと抗議したが、結局、あっさり当事者だけが破門ということで言い渡しがあり、すまされたわけです。

本来、うちの古川の者が逆に加害者であれば、当事者は即刻絶縁、そこの親方が何らかの処分（を受ける）。これが当たり前のこと。去年三月くらいの事件です。あれ、ちょっと違うなと。我々は後からの参加組ですが、疑問を呈したところもありまして、その流れで（裁定を）呑むことは呑みました。

やはり相手は山健組。我々弱小は辛抱せなあかんのかな、と。結局、なんやったのかなと思いながら、月日が過ぎまして、またびっくりするような話が耳に飛び込んできた。破門されていた（山健組系の）当事者がなんの承諾もなく、普通であれば、我々の世界では、被害者である我々にお伺いをたてて、その了承をもろうて、初めて復縁状をまいて、というのが当たり前のこと。

こういうことが一切なく、当事者が、これもうちのもんが探しあててきたんですけど、破門された組織へ何事もなかったかのように（復帰し）出入りしていた。それを聞いたとき、間違えや、神戸に関してそれはないやろと言うてる最中に、次の一報が耳に入りました。

なんやと言うと、その組織の代目が山健組内で代わりまして、代目継承の盃の席に、神戸山口組の（井上）組長が後見人として列席し、そこに当事者がそれなりのポストをもらって盃を飲んでいたと聞いて、正直、耳を疑いました（破門中のまま健國会若頭代行に就任したという）。理解しがたい。正直な気持ち、やっぱり六代目、神戸と、うちはいろいろ渡りあるいて、結局、当代の母体（出身団体）であれば、何でもありなんやと。結局、六代目（山口組）のときはなんでも名古屋でした。名古屋が通るから、道をあけですわ。神戸（山口組）に行っても、山健やから、道あけなあかんのかと。うちはプラチナ（の代紋、直参を指す）と言ってますけど、結局、山健の枝の枝の組織以下の扱いをされたわけで、名ばかりのプラチナやったと。組一同、この一件で、正直な話、神戸に希望を持ち、三ヵ月後にこの事件があり、今年の二月ですか、それから一年後、正直言うと、希望が冷めました。こういうような現状なんですね。だから古川としましても、新しい団体（任侠山口組）に希望を持って頑張っていくわけです。

若手中堅のための救命ボートを

代表の織田はこの記者会見には出席しなかったが、織田はヤクザ界には珍しいほどの雄弁家である。熱の籠《こ》もった一語一語は聞く者をして奮い立たせずにはおかない。しかも話す内容は理屈に合い、理路が整い、説得力がある。彼が優れたアジテーターだからこそ、この日も五〇人ほどの直参を結集できたのだろう。若手のカリスマである。

織田には神戸山口組の「秘密兵器」や「核弾頭」といった異名があった。山健組の健竜会に末席の若中という最下位で入りながら、一年後にはその若頭補佐に抜擢され、山健組本体に引っ張られた。二〇〇五年、井上邦雄が四代目山健組組長に就任すると、織田は山健組の幹部、若頭補佐、大阪ブロック長、全ブロック強化責任者（山健組の改革を担当）などの要職を歴任し、一五年八月、神戸山口組が結成されると、山健組に籍を置いたまま、神戸山口組の若頭補佐に任じられた。

若頭補佐は執行部の一員であり、通常は直参（直系組長）でも特に優秀な者が任じられる。織田は神戸山口組の執行部に加わり、異例な抜擢を受けたのだ。さらにその三週間後には山健組では井上組長に次ぐナンバーツーの副組長に据えられ、神戸山口組では若頭代行にまで上った。

それまで組長・井上邦雄がもっとも信頼する腹心が織田であり、織田もまた井上に心服していると外部には伝わっていた。

神戸山口組は批判勢力として、批判される側の六代目山口組より、ある種の「大義」と清新さを持っていたはずだが、その優位点は任侠山口組の誕生であらかた失われたと見てよい。「大義」は神戸山口組から任侠山口組に移行したのだ。

なにしろ神戸山口組の上層部も結局はカネ、カネ、カネの「弘道会方式」を是正するどころか、それと同じことを繰り返していると、完全否定された。

当然、「任侠山口組」の旗揚げは、六代目と神戸、二つの山口組の対立・抗争に重大な影響を与える。第三極の登場であり、正・反・合の三段階理論でいえば、「合」である任侠山口組が次のステップの基調を決める存在になろう。

では、織田インタビューの要所を引こう。

――ついに新団体を結成した。どういう感想か。

織田　一言で申し上げると、こういう形を取らざるを得なかったことが残念至極である、と。というのは一昨年（二〇一五年）八月二七日、神戸山口組は盃の重みを崩壊させてまで、また絶縁や破門処分など「状」の重みを崩壊させてまで、それ以上の大義を前面に出し、立ち上がったわけですから。

その大義とは大きく二つに分けますと、一つは山口組を正し、存続させるため。神戸山口組の「本状」（発足に当たっての声明文）にもありました通り、「六代目体制、いわゆる名古屋方式のままでは、山口組は自滅の道をたどる」という文言がありました。できるなら内部に留まり、組織改革を断行すべきところを、六代目・司組長が、「進言・諫言を一切聞かない」ということで、神戸山口組の組長以下、上層部の方々が絶望を感じて、外に出て、外から改革をという苦渋の選択をされたわけですよね。

ところがですね。（神戸山口組の）フタを開けてみると、ものの半年ぐらいで「あの大義はどこにいったのか」という声が、早くも私の耳に届くようになってしまったんです。私は井上組長と正木総本部長から、詳しく大義を聞かされ、胸を熱くし、情熱を持って全国の組織を、先頭を切って回らせていただきました。

（二〇一五年）九月五日、この日は神戸山口組初の執行部会議が開かれた日で、事実上スタートを切った日の夕方です。名古屋の（山健組系）健仁会《けんじんかい》の会合が第一回目で、その後、北海道から九州まで全国を飛び回って、多いときは百数十名、少なくても五〇〜六〇名を前に、繰り返し大義を代弁させてもらったんです。

その結果、ありがたいことに、全国の同志の皆さんが心熱く共感して士気を上げ、それこそ皆さん一生懸命汗を流して走り回ってくれたわけです。

井上組長はじめ上層部の叔父さん（ヤクザの組では、その者が組長にとって子＝若い衆＝であるか、兄弟＝舎弟＝であるかを決める。つまり若い衆にとって、古参の舎弟は父親の弟＝叔父に当たる）方々の「俺たち年寄りはもうどうなってもいいんだ」と。「君たち若い者の将来のため茨の道を覚悟で、あえて立ち上がったんだ」と。

その気持ちに感謝して、我々中堅若手の者が言葉だけでなく行動で、感謝の意を表そうと全国の会合で同志の皆さんに呼びかけてきたわけですね。

繰り返しますが、大義は二つあって、一つは、山口組を正すため、山口組を残すため。もう一つが、俺たちはどうなってもいい。若い者の未来のため。この二つですね。

これがですね、言葉は悪いですが、真っ赤な「ウソ」でした。ウソであることに気づいてしまったんですね。一〇代、二〇代の若い子ならともかく、四〇、五〇いくとですね、見たくないものも見えてしまうんです。

我々は名古屋方式を否定して立ち上がったわけですが、その名古屋方式とは、ざっくりいうと三つあると思うんですよ。

一つは、多額の上納金（月の会費や臨時徴収金）。一つは、出身母体、組織（つまり弘道会）へのひいき。三つめは、進言・諫言を聞かない。

この三つともが、ものすごく大事なところだったと思います。それを否定して、さらには盃事の――いちばん大事な――崩壊です。

先程申し上げましたが、盃の重みを崩壊させてまで立ち上がったにもかかわらず、神戸山口組の組織運営、その中でも山健組の組織運営が特にですね、名古屋方式そのものだったと。

その最たるものが、昨年（二〇一六年）九月五日の新神戸駅における「サイン事件」ですね（山健組の組員を中心に、駅に降りた組長・司忍を大挙して取り囲み、あたかも司が芸能人でもあるかのように「サインください」と声を上げて揶揄《やゆ》した事件）。

事件から四日後、東海テレビが事件を扱い、六代目山口組の幹部を誰が出演したとわからぬよう映像を加工した上、インタビューを放映した。

出演したその幹部は、「山口組は過去に処分者が戻ったためしがない。さらに今後、抗争が激しくなって、当局によって山口組が弱体化したとしても、致し方がないんだ」と、そういう趣旨のことを語られていた。

これは幹部個人の意見ではない、六代目・司組長の思いを代弁したものだとも聞いてます。

あの漫画チックな、コメディのような出迎えをされた側ですね。六代目・司組長当人はもちろんのこと、組長への思いがある若い者も、あれで絶縁したものを六代目山口組に戻すことはないと思ったと考えます。

つまりこの事件が原因で、二つに割れた山口組が再び一つに合することはない。私自身もそう思い、絶望しました。そのあたりから——絶望したあたりから——二つの山口組が一つにならない、つまり最終ゴールを失ったわけです。分裂により自殺に追い込まれ、殺害され、命を落とした同志たちの死が無駄死にとならぬよう、また現在も塀の中で苦しむ同志や全国の現場で苦労している同志の皆さんのためにもね、何か新たなゴールを作るべきだと自分なりに模索してきたわけです。

つまり任侠山口組を「第三の山口組」と定義していただいて結構だと思うんですが、任侠山口組というのは、一つになれない二つの山口組を、最終的に一つにするという大前提を持った第三の山口組であるということです。

はっきり申し上げますと、（六代目山口組の）司忍組長、髙山清司若頭、（神戸山口組の）井上邦雄組長、正木年男総本部長、この四名の方々が現役でいる限り、山口組は統一されないと、今は確信しています。

言葉は悪いですけれども、五代目（組長・渡辺芳則）への一六年間に及ぶ恨みつらみを、六代目（組長・司忍）は晴らしたわけですね。そして今度は一〇年間の六代目への恨みつらみを、神戸山口組の井上組長が晴らした形です。すべてにおいて私情、私利私欲だったわけです。

そこが一年後、特に「サインください」を目の当たりにして、はっきりとわかってしまいました。残念ながら。冒頭に残念だと申し上げたのはそこなんです。

――四名が引退しないと再統一はあり得ない、と？

織田　そう。私のような若僧が引退勧告というのは、まことにもっておこがましいのですが、本当に山口組のため、若い者の将来を少しでも考えられているなら、四名の方々は引退すべきだと私は考えています。

そして次の中堅どころにですね、恨みつらみがまだ薄い世代にバトンを渡して、潔く再統合させてやり、皆をこの抗争状態から解放させ、楽にさせてやってほしいと切に願ってます。

ところが、その気が一切ない中で、統一、再統合、どうすればいいのか。自分なりに一生懸命考えさせてもうたんです。二つの大きな船はこれからじわり、じわりと沈んでいきます。大きな船のすぐ横に、若手中堅が中心となった救命ボート的な船を置くことによって、二つの船から移り乗ってもらう、と。今、早急にできることはこれしかないと判断しました。

――抗争に対しては、激化させる方向には進まない？

織田 理想論になりますけど、一人も傷つかず、一人も命を落とさず、一つの山口組になることがベストだと思います。

――二つの山口組の分裂・対立を見ていると、組長が法的に「使用者責任」を問われることを恐れて、若い者に喧嘩するなと命じる。それは年寄りたちにはいいことだろうけど、それでは若い者が飯を食えない。他派を蹴散らして相手のシノギを奪ってこそ、若い者たちは飯が食える。若い人たちがそう考えて、今回の分裂に至ったのか、と当初は考えた。

織田 本来のヤクザらしさという点では一理ある考えと思います。法が整備され、ヤクザへの厳罰化が進む中で致し方ない部分もあるでしょうけど、ヤクザらしくない山口組ですよね。

――任侠山口組では組長に就かず、代表に留まった。しかし先行き、組長をやらざるを得ないのではないか。

織田 以前から同志の皆さんから「代行、立ち上がってほしい。上が言うことはウソだったんだ。大義がないんだ」という声がありました。「私利私欲だ。この抗争はいつまで続くのか」という声が。

その度に、「もう少し辛抱してくれ、我慢してくれ」と言い含めてました。苦肉の策として「そう長くは続かない」とも言いました。日増しに「立ち上がれ」という声が強まり、「年内（二〇一六年）には終わらす。遅くとも年明けには。ここまで頑張ったんだから、それまでの間、もう少し頑張ろう」と励まし続けてきたわけです。

実際に（神戸山口組の）入江禎副組長（二代目宅見組）、寺岡修若頭（俠友会会長）、池田孝志舎弟頭（池田組組長）をはじめとする大御所の叔父さん方から、六代目サイドとのやり取りを聞かせてもらう中で、司組長自身がなんとか早い段階で神戸（山口組）を戻らせたいと望んでいると実感してました。司組長からすれば、戻れば、親子喧嘩ですむ。戻らなければ、晩年の悪評が（ヤクザの歴史に）定着してしまう。

自分はなるほどな、と手応えを感じてました。年内か年明けという期限は、根拠あっての発言なんです。

——世代間で考え方の違いがある。若手が結集し直して理想のヤクザ組織を作るというのはよくわかる。しかし単に結集するだけでは烏合《うごう》の衆になってしまう。リーダーシップを取れる人間が必要なはず。

六代目山口組側や神戸山口組残留側に、はたしてリーダーシップを取れる人間がいるのか。六代目側には竹内照明若頭補佐（弘道会会長）がいるが、たぶんリーダーシップは取れない。力量がない。神戸側では織田しかいなかった。それが今回抜けた。

織田 私が今組長の座を受け、同時に同志一同が盃事をしたい、という意向に対し、私が「はい、そうですか」と受けたとしたら、「ああ、織田は組長になりたくて、私利私欲で第三極を作ったのか」という印象を両山口組の皆さんに与えかねない。組長になりたくて神戸山口組を出たのじゃない。求められても最後まで固辞して組長の座は空席、私はあくまでも同志の代表だ、と。そういう形に是が非でもしないとダメだ、と自分はそう思ってます。

ただ私としては、ヤクザにとって大事な盃事を否定するのが本意ではないんです。山口組では五代目組長以降、この三〇年間、盃が諸悪の根源になってきた。

盃を下ろした側（組長）は子分に対して、白い物を黒いと言っても許されると考える。盃を下ろされた側（直参、直系組長たち）は親分からどんな理不尽なことを言われても、呑み込む、耐え抜いてこそ子分だといった変な美学がまかり通っている。

盃を下ろすまでは、組長になる人はそれぞれいい人なんです。が、下ろしたとたん、子分からカネの吸い上げ自由、組織で組員たちに理不尽だという思いをさせても自分の勝手と考える。こういった盃なら要らないということです。

しかるべき人物が現れ、トップになっても人柄や姿勢が変わらないと確信できた段階で、組長の座にお迎えして盃事を復活させたいと考えてます。

——代表という形は任侠山口組のスタート時点だけではなく、今後何年も続くのか。

織田　ええ、できることなら。理想とするところはこの大型救命船に中堅、若手の皆さんがどんどん乗り込み、第三極がいちばん大きくなって、自然と他の二つが小さくなることで、最終的には三つを統一したい。志を達成できたら、組長の座を固辞したまま、身を引いて堅気になることが、私利私欲で始めたことではないことの証明になると考えてます。またそうせねばならんという考えです。

——（二〇一七年）四月三〇日、織田代表と池田幸治本部長が神戸側から絶縁処分になった。神戸側、六代目側から今後、圧力が強まると見ているか。

織田　神戸側からの圧力は想定してますが、六代目側は想像が難しい。任侠山口組は六代目山口組が絶縁した組織（神戸山口組）からまた絶縁された組織です。ただこっちも山口組を名乗り、山菱の代紋を掲げてますから。さあ、どういう受け取り方をするのか。

――当分の間、組事務所は尼崎の古川組か。

織田　いえ、組の本拠地は置かんとこうと。カネもかかるし、当番とか人もしんどい思いをする。古川組、真鍋組、大阪・ミナミの絆連合、事務所がある組がいくつかある。そこを転々としてやっていこうと。こんなご時世ですし、人が多く集まる寄り合いだけは大広間がある組事務所で。ここ一ヵ所に決めてというのは、しばらく置いとこうと。

――代紋は従来通り山菱でいく？

織田　そうです。綱領もこれまで通り。事務所に掲げる写真は三代目・田岡一雄親分のだけ（つまり五代目・渡辺芳則や六代目・司忍の写真は掲げない）。定例会は田岡親分の誕生日が三月二八日ですから、毎月二八日です。

月会費についてはオール一〇万です。一人ではなく、一つの組織全体で一〇万です。直参（任侠山口組の直系組長たち）が一〇万円。年間で一二〇万円。それ以外は一切持ってくるなと。

直参が率いる組では（組員から集めるカネは）当然一〇万円以下の会費になる。五万、一万というところも出てくるでしょう。

上に立つ者が贅沢しなければ、これで十分やっていけるんです。それと、組織本体としては他団体と交際しません。交際は個人、個人にお任せする。なぜ外交しないのか。湯水のようにカネを使うからです。

末端から吸い上げたカネで外交しては本末転倒です。わが組織の若い者が大事なのか、外交が大事なのか。外交が大事なんてことがあってはならんのです。まずは若い者をいちばんに考えるべき。若い者がおっての親分ですから。

——参考までにお尋ねしたい。神戸山口組として、他団体の親分が亡くなったとき、いくらくらい包むものか。一〇〇万円以上？

織田　元来、カネの絡む会計や慶弔が嫌いで、経験がなく、はっきりしたことはわかりませんが、そんなものでしょうね。それよりも、飲み食い、宴会。高価な手土産。そもろもろいわゆる義理ですね、冠婚葬祭はもちろん、年間相当の額が出てますね。それをストップするだけでも、相当、下への、若い者への負担が軽減されるのは間違いないです。

田岡三代目親分の意に反する組織が、（田岡の死後）約三〇年間続いたんじゃないかと。私の持論ですが、そのスタートは平成元（一九八九）年、五代目山口組（渡辺芳則組長）の発足あたりからじゃないかと。自分なりに検証させてもろたんですがバブル経済も相まって狂い始めましたね。

田岡親分は若い者が金銭を持ってきたときに「俺は子分に食わせてもらうほど落ちぶれていない」と断ったそうです。

なぜそんなことが可能なのか。調べてみると、三代目親分は昭和二一（一九四六）年に山口組を継承されましたよね。でもいきなり全国侵攻作戦はしてないんです。

何をされたか。まず経済面で徹底的に動かれてますね。これは、初代と二代目から受け継いだ興行と港湾。そういう意味では恵まれていますよね、先々代、先代からシノギと人脈を受け継いでますから。これを徹底的にやられた。今思うと、軍資金を蓄えるという思いもあったんじゃないかと。

昭和三〇年代前半まで、三三～三四年くらいですかね、（全国侵攻作戦に）動き始めたのが。一〇年以上、経済面で走り回ってました。

芸能興行、神戸港の港湾荷役で軍資金を蓄えたんです。下の者に「アガリを持ってこい」じゃない。逆に分配です。上に立つ者は富を分配する覚悟が絶対必要です。

――しかし田岡三代目の時代には、警察が組員の行う正業を認めていた。今は正業さえ認めていない。潰しにかかる。

織田　私はそこを考えたんです。なぜそうなったのか。田岡三代目が定めた「山口組綱領」には、「俠道精神に則り国家社会の興隆に貢献せんことを期す」とある。その教えに我々が反している。バブル経済以降、カネ、カネと走った中で、田岡三代目の意に反する組織運営をした結果が反社（反社会的勢力）のレッテルだ、と。

おこがましいかもしれませんが、「任俠団体」と冠につけたのは、要するに我々の最終目標が「脱反社」だからです。ここに持っていきたい。それにはどうしたらいいか。田岡親分の綱領がせっかくあるのですから、自主的に何ができるか、考える。

若い者の未来のため将来のため、よくよく考えると目標がないんですよ。今後、ざっと五年から一〇年ぐらいで業界全体が衰退していく。衰退を阻止するためには今がラストチャンスだと。遅いくらいだと思います。

今、任俠山口組の最終ゴールは脱反社です。ここに持っていきたい。それにはどうしたらいいかと言うと、三代目・田岡親分の綱領がせっかくあるのですから、もう一回考えようと。自主的に何かできないか。

できることの一つは治安維持ですね。当局がどこまで把握しているかわかりませんが、来日不良外国人、特に中国、中東、アフリカ、ナイジェリアあたりが増えてきている。それと半グレ。オレオレ詐欺だけはやめなさいと。存在自体を撲滅するのではなく、一部の悪質な半グレには指導してやって、アウトローであっても、男らしい生き様を教えてやることはできる。そのためには、自分たちも男らしくなければいけないと思うんですね。

それとテロ対策。当局のアンテナも立派なものがあると思いますが、我々裏社会特有のアンテナも同時にあります。当局の検挙率は低いんじゃないでしょうか。

ゴマを擂《す》る意味ではなく、「綱領」にあることですから、単なる飾りではなく、月に一度の定例会で綱領を読み上げるだけでなく、実践すべきなのです。

飛躍していると言われるかもしれませんが、我々が海外で邦人警護をできればやりたい。つまり、内戦などが激しい外地では地雷でボンと足が飛ぶかもわからないじゃないですか。自衛隊だって無傷で帰ってこられる一〇〇パーセントの保証はない。ないからこそ、そこに（自分たちが行く）意義があると思うんですね。

調べると、アメリカやヨーロッパにはＰＭＣ（民間軍事会社）がある。アメリカなりいずれかに本社を、東南アジアに支社なりを作り、そこと我々が個々に契約すれば、法的にクリアし、海外での邦人警護も可能になる。

去年（二〇一六年）から右翼人や元自衛官、元傭兵《ようへい》など、何人かに会うてるんです。熱い心を持っている人もいます。中には我々も同じ船（民間国防隊）に乗りたい、という人も多くいます。

右翼も任侠と共闘できるという感触を持っていますが、先方に迷惑を掛けてもいけない。今、リンクのさせ方を思案中なんです。

今月生活費どうしようか、来月組の会費どうしようかという苦しい状況の中でせめてゴールを設定してあげる。今、若い者はなんのために船を漕いでるのか、わからない状態なんです。上の者は船漕げ、船漕げとハッパを掛けるだけ。本来、上に立つ者はゴール地点を定めてやり、その道中、今は半分まで来たとか、残りは三分の一だとか、度々教えてやるのがつとめやと思うんです。

任侠山口組が今、目の前に一〇〇人おったとします。一〇〇人全員に「今日からスタート。三代目・田岡親分が言っているんだから、国家社会の興隆に貢献しなさい」と言っても、元来、私も含めて出来の悪い人間の集団ですから、どだい、無理なんです。おそらく手を挙げる者は一割にも満たない。

しかし、たとえば南スーダン。自衛官は引き揚げましたが、依然として邦人はおる。我々が現地に行ってお役に立つ場面もあるわけです。現地の邦人に「ありがとう」と感謝の言葉を掛けられることで何か今まで経験したことのない心のスイッチが入る若い者も出てくるかもしれない。それが一種更生団体としての役割を果たすことになるかもしれない。

現在、我々の同志の中にジギリ（地義理。組のために体を張り、服役すること）をかけた長期服役者がまだ数名残っています。そのうち無期懲役が二名います。彼らが二十数年後かに戻ってきたときに安心して乗れる船を残してやりたい。極論ですが、我々任侠山口組がコツコツと一生懸命に努力して世間から笑われようが、汗を流し、誹謗中傷を受けようが、諦めず、やるだけのことをやり尽くして、それでも結果的に世論や、お国が「お前たちはどれだけ頑張っても反社だ」とどうしても認めてくれないとき、そのときは地下にもぐるしかないと考えています。当然、偽装解散もするでしょうし、表向きカタギの振りをしながら、今まで以上に巧妙に表社会に入り込んでいくことになるでしょう。と同時に〝任俠〟という指針も教材も捨てるわけですから、カネになることなら何でもありのマフィアに近い地下グループが全国に無数に出来上がり、海外の犯罪集団や来日不良外国人グループと連携を取り、その結果、日本の治安は一〇〇パーセント悪化します。これは断言できます。しかし、それが国家の方針であるというのなら、致し方ないことですから。

現在も塀の中で地獄の日々を味わう同志たちが出所した際に、我々は「船を沈め、代紋を失い、申し訳ない」と当然詫びるわけですが、単に「時代が悪いから仕方がない」で済ますのか、それとも「塀の外の我々は我々なりに一生懸命努力した。笑われながらも頑張った。でも、どうしても国が認めてくれなかった。申し訳ない」と、しっかり真っ正面から伝えられるのか、せめて後者に持っていくのがシャバで自由を与えられ生活できている我々同志のつとめじゃないかと。たしかに〝脱反社〟のハードルは高く、大変な闘いですが、成立してもしなくても、そこに向かって懸命に汗をかき続けること、それ自体に意義があると考えております。塀の中の者に比べると、塀の外の我々は日々天国です。このまま唯々諾々と業界全体が沈む様を同じ業界人でありながら、指をくわえて見つめているわけにはいかないのです。

暴力団対策法指定の二二団体のトップ全員とまでは言いませんが、その多くが、特に大組織のトップ連中は数十億円の動産、不動産を持ちながら、いまだに金銭の吸い上げをやめず、現場の若手中堅を苦しめ続ける現状です。

今からでも遅くないので明確な〝志〟を立て、トップ自ら襟を正し、せめて一〇年、二〇年先の展望を持って、若い者の未来を心底から考えてあげてほしいものです。全国の各組織にはびこる〝集金システム〟をぶち壊さないかぎり、我々の業界が沈む速度は確実に加速されると確信しております。

――これまでのシノギについては従来通りか。

織田　そうですね。ヤクザは自営業といいますか、自分の腕次第ですから。そもそもヤクザとはそういうところですから。月会費も一〇万円以下です。そこから皆さん、心と体に余裕が生まれてくると思うんです。

稼業の者いうたら「遊び人」です。組事務所に一日一回とか頻繁に顔出ししなかったら忠誠心がないとかいうのはガチガチ管理ですね。ヤクザはもともと自由人ですから、綱領以外はできるかぎり自由にしてもらえば、心に自然と余裕が出てくる。それで兄弟分同士、仲間同士で助け合いができると思うんです。

損得抜きで助け合いっこするというのが我々の世界の美徳のはずですけど、今は今月の上納金、来月の臨時徴収どうしよう、と自分のことで一杯一杯で、仲間を救えないんです。

自分としてはいろんな意味でヤクザらしくを強調したいですね。「ワイシャツは白、サングラスはするな、毛は染めるな」、こういうのは全部撤廃しました。茶髪も結構です。サングラスも好きな人はかけて下さい、カッターシャツも色つきでいい。皆さん、目一杯、お洒落して下さいと。だから四月三〇日の発会式のとき、自分もあえて青色のカッターシャツを着ていきました。

ヤクザなんですからヤクザらしく。その中で国家社会への貢献という三代目の思いを腹に入れて、そこにちょっとした日ごろの罪悪感もありながら、(我々は) こんな自由に暮らしてる、楽してるんだからと、余裕の中から貢献する気持ちが生まれる。何か人のためになれんかなと。そこの土地土地でいいじゃないですか、地元に貢献する。そういう世界に戻したいんです。

――任侠山口組の発足は自由化、民主化という要素も含んでいるのか。

織田　そうですよね。ある程度は土台にそこがないと人のためとか、したくてもできないんです。統一を前提とする「第三極」であるところ、大変世間をお騒がせしてますけど、実はその先の我々の大義、業界革命はここにあるんだ、と。一日も早く（山口組を）一つにしたいんだと訴えたいんですね。

第二章　織田絆誠　男の売り出し　在日三世の矜持と柳川組の血脈

親日的な家系

日本は一九一〇（明治四三）年八月、大韓帝国を併合した。日本による韓国統治は以後一九四五（昭和二〇）年九月まで続く。

日韓併合により半島の南に浮かぶ済州島《チェジュド》も日本の一部となり、そこに住む人も三五年間日本人として扱われるようになった。

織田絆誠の祖父・金燕西は一九〇六（明治三九）年、済州島に生まれ、一八歳になったころ（一九二四年＝大正一三年）、合格した法科大学で受講しようと内地に来住した。彼は弁護士を志望していたが、大学を出ると、そのまま事業を志した。後に「大阪府内鮮協和会」の副会長になり、大阪・淀川区で軍需工場を営むなど「親日派」として名をなした。

「協和会」は日本の朝鮮支配の時代、内務省や特高警察を中心とした統制機関で、一九三六（昭和一一）年、厚生省は全国各府県に協和会をつくり、三九年、中央協和会を創立した。

当時、済州島と大阪との間には定期航路が開かれ、大阪・生野区には朝鮮半島出身者の集住地がぼつぼつでき始めていた。

金家（本貫は釜山《プサン》近くの金海市《キメ》）は比較的裕福で、親日的な考えの家だった。織田の母方（全州李氏《チョンジュ》）をたどっても、織田は在日三世になるが、これまた親日的な家系だった。

織田 母方のじいさんは戦前、半島が日本だったころに、釜山の西の港町、慶尚南道《キョンサンナムド》の昌原《チャンウォン》から日本内地で就職しようと、家族ぐるみで広島県呉市に引っ越してきた。意外ですけど呉でお巡りさん、巡査をやったんです。母の兄が大阪の近畿大学に入学の際、大阪天六の浮田町に引っ越すまでの十数年間を呉で過ごしたそうです。

戦前、半島の住人が日本内地に移住し、巡査をやるなど、今の韓国人の激しい反日感情に照らせば、あり得ない話のように思える。しかし、当時においても、日本や日本人に対して親和的な考えを持つ韓国人がいた。

一九四五（昭和二〇）年、空襲で淀川の工場は灰燼《かいじん》に帰し、祖父・金燕西は全財産を失った。祖父は急遽大阪・生野区中川（猪飼野）に居を移し、協和会時代の政界と警察人脈、それに持ち前の法律知識をもとに弁護活動で生計を立てながら、韓国民団創設にたずさわる。織田が生まれた一九六六（昭和四一）年当時は生野区中川の祖父宅で同居していたが、父親の服役により、いったん離婚し、母の実家がある東淀川区西淡路（日之出）に移る。それを機に祖父は上京する。晩年には東京・上野で永住権がなく苦しんでいる者や、職がなく困っている在日の地元住民のために弁護活動のかたわら、ボランティア活動をしていた。

一九七八（昭和五三）年、織田が小学六年のとき、祖父は病没し、織田は大阪に住む父親に連れられ、上野で行われた祖父の葬式に出た。葬式では祖父が街の人たちに「先生」と呼ばれて大事にされているらしいと感じ、織田は安心と同時に誇らしさも感じた。

祖父は堅気だったが、その子供は甘やかされすぎたのか、堅気には育たなかった。通名を「織田新一」といい、敗戦後のどさくさ時にヤクザになった。

喧嘩や悪さをして警察に繰り返しつかまっても、その度に祖父の口利きで釈放されることが何度もあったという。

織田絆誠はこうした織田新一の子である。

織田　敗戦の焼け野原。父親は自暴自棄もあったんでしょうけど、祖父が戦中の特高警察と関係が深く、当時の大阪府知事の法律顧問をするなど、ちょっとした町の有力者だったこともあり、幼少で早くも世の中をなめたんでしょうね。祖父が仕事で忙しく、放任主義で自由気ままに育った。当時としては経済的にも恵まれていて、柔道もボクシングも習った。梅田の阪神百貨店裏（通称・阪神裏）にそのころ西日本でいちばん大きいヤミ市があり、父親はそこで顔を利かしていた。ステゴロ（素手での喧嘩）ではナンバーワンと言われていたようです。そこでの兄弟分が後の酒梅組傘下の張本組・張本正来《まさき》組長でした。後輩には柳川組の四天王の一人、金田三俊組長がいた（後に三代目山口組の直参になる）。

阪神裏のボスは高見敬一といって、これがイトマン事件の許永中会長が子供のころから世話になった親分です。高見会長は阪神芸能という名で興行をやっていた。山口組の神戸芸能社が有名になる前のころです。二代目柳川組の組長は谷川康太郎（本名・康東華）だが、当時初代柳川組の副長だった谷川康太郎を、高見の実弟の放免祝いの席で素手でどつき回したのが高見敬一で、高見は予科練上がりの、身長一八〇センチ、当時としては大男で、大阪ヤクザ社会で一世風靡《ふうび》した人物だった。私の父親はこうした高見敬一の舎弟でした。

酒梅組三代目組長は戦前から戦後にかけて松山庄次郎がつとめた。松山は山口組三代目・田岡一雄と五分の兄弟分で、全日本プロレス協会の会長もつとめた（田岡は副会長）。

が、一九六一（昭和三六）年に死没し、酒梅組の四代目は中納幸男か審良誠一《あきら》か、と跡目争いの時期が数年間はさまった。ボンノこと菅谷政雄と五分の兄弟分となり、田岡一雄の後押しもあって、結局は中納が四代目を継ぐことになる。審良は当初、二〇人ほどの審良組（大阪・天六）に高見をナンバーツーの副組長に迎えたことから、旧阪神芸能グループを含め、高見一派を審良組に合流させ、一気に三〇〇人の大組織とした。審良組から審良連合へ改称し、事務所も天六から梅田へ進出させた。高見組舎弟、九州の財津健一が梅田の賭場で、初代柳川組若頭補佐を日本刀で刺すなど、酒梅組は博徒の集団だったが、審良連合は別格で純然たる愚連隊系の武闘派組織だった。

織田の父親は組織に入って型に嵌《は》められることを極度に嫌った。愚連隊時代の阪神芸能では若頭的立場にいたが、高見が審良連合として正式に酒梅組に入ると、阪神芸能や審良連合を離れた。いわば出先の舎弟格で、酒梅組には所属せず、終生一匹狼を通した。出入りしたのは張本正来のところで、張本は高見組舎弟頭であり、審良連合の若頭補佐を兼任、事実上の高見の右腕となり、後の高見絶縁後も平気で張本組の事務所に高見を座らせ、自身が亡くなるまで高見の世話をした昔気質の、律儀な人物だった。ちなみに当時、絶縁中の高見の会長付きとして、織田はヤクザのイロハを教えられる。

織田絆誠（通名。本名は金禎紀）は一九六六（昭和四一）年一〇月、織田新一の次男として大阪で生まれた。

織田には五つ上に姉、二つ上に兄がいる。姉はろくに勉強しなかったが、地頭がよく、進学校に進んだ。兄の方は勉強もスポーツも努力家で、コツコツ勉強して同じ高校に合格した。兄は成人して堅気になったが、姉は男まさりで気性が激しく、織田が服役中、組を預かって西成で手本引きやタブの賭場を開くなど、西成ヤクザたちからも「織田のねえ（姐ではない、姉）」と言われたほどだ。

織田が徳島刑務所や旭川刑務所で服役していたころも姉が一手に面会に通ってくれた。
が、この姉も織田が二度目の服役となる大阪刑務所を出て二ヵ月後、大酒飲みがたたって急死した。まだ四八歳だった。

父の教え

父親は人がいいばかりで稼ぎが少ない、いわゆる「懲役太郎」だった。短期刑が多かったが、よく服役した。母親は三人の子供を食べさせねばならず、夜、ホステスをして帰りは深夜に及んだ。だから姉が織田と、織田の兄の親代わりになったという。

織田　父親はですね、厳しくもぬくもりがあり、温かい男でしたね。男とは、人生とは、と教わり、目一杯愛情をもらった。母親いわくですけど、母親から見たら、ひょっとして、アホじゃないかと思うくらいのお人好し。お前もそこだけは絶対真似《まね》せんようにな、世の中いうんはそんな甘いもんじゃないんやからな、と言われながら育ちました。

母親は苦労しすぎたこともあり、どっちかいうとちょっと現実的な、女性ってまあ、みんな、そんなもんやと思いますけど、そういうことはよく母親に言われました。父親はすぐ人を信用して、自分の周りにおるもんは、みんないい人やと思い込んで、いつも利用されている。

父親が望んだのは、今思うたら、自由人です。人に使われるのをよしとしない。型に嵌められるのもよしとしない。何ごとも自分の物差しで判断し、世間がなんと言おうが、思うがままにわが道を行く。あちこちの大組織からの誘いを受けていたら、経済的にももっと楽できたのに最後まで断り、一匹狼を通しました。

韓国の現代映画では、子供に容赦なく暴力を振るう父親が登場する。

織田　怒ったときの怖さはそら韓国映画です。キレたときはほんま恐ろしかった。ふだんが温かいでしょ、このギャップで参ってしまいましたね。

体罰ぼんぼんきますから。体罰食らっても痛い言うなと、涙を流すなと。泣くと二倍、三倍、体罰食らわされるのでグッと歯を食いしばって耐えなあかんのです。

男のくせに、何痛い言うてんねと。絶対泣いたらあかんのです。

今思えばですけど、そういうのがあって、ええか悪いか知りませんけど、私の人間形成があったんかなと思います。

――父親は具体的にどのような教育をしたのか。

織田　笑われるかもしれませんけど、喧嘩の仕方や、警察に取り調べられたときの心構えなど、後にヤクザになる自分にとっては恵まれていたかもしれません。父親は実例を言うてましたね。昔、大阪府警は特に調べが荒っぽかった。取り調べ中に平気で暴行する。そういう場合は「中途半端な真似するな」と怒鳴り、取調室の扉のガラスに自分から頭を突っ込む。ガラスが割れ、額が切れると、顔中、血だらけになる。と、相手はパッと引く。こいつは普通のヤクザと違うなと思わせる。

子供時代、バカやから自分でそれを実践しました。取り調べ中に暴行を受け、父親の話を思い出して、「中途半端にやるなー」と叫んで、自分で自分の頰を右手で殴りに殴った。腫れ上がり、目がふさがるほど殴ったら、取調官は「やめろ。もうわかった、もうええ」と。

これも父親の教育ですね。気迫は本気であれば出る。それがハッタリだと見透かされる。

父親は終戦後、阪神裏に集まる不良相手に毎日のように喧嘩、ストリートファイトをやっとったんです。知らないもん同士がぶつかり、こいつ、やるか、となる。そういうとき、人の心理は知らないものを大きく見て、こいつは修羅場をくぐってるんじゃないか、とんでもなく強いのではと感じてしまう。しかし、これは錯覚なんやと言うてました。

相手も同じなんやと。向こうもこちらを知らない。知らない者同士は互いに相手を大きく思ってしまう。そこを乗り越えろ。サシでやったら実際は強くなかったと何度も体験した。気で呑まれたらあかん、と。

きわめて実践的な教えに思える。

父親の新一はヤクザだったが、向学心もあった。施設での生活が長く、読書家でもあり、英語と韓国語をマスターし、すべてにおいて物識りだった。

織田　父親は自由人の楽天家で、典型的なB型人間です。母親が言ってました。本当に楽天家。こっちは家計のやりくりでヒヤヒヤしているのに、お金が入ったら使うし、人に頼まれたらすぐ貸す。ほんまにつねに明るくプラス思考の人やったんです。

その父親に、自分が生まれて初めて「ことわざ」を、小学校で聞いたのか、家に帰って、お父さん、ことわざって何？　から始まって何か一つ教えてと聞いたんです。ジーッと考えてから、紙と鉛筆でね。昔、中国北方に塞《とりで》があり、塞の向こうは胡の国だった。塞のこちら側に住む爺さんが……と、「人間万事、塞翁《さいおう》が馬」、これを教えてくれた。紙に書きながら、一生懸命に教えてくれる父親の横顔まで、今も鮮明に覚えてます。

その後社会に出てからの人生で「塞翁が馬」は本当に教訓になってます。そのときは、自分はこんなに不幸なんだと落ち込む。だけど、それが逆に不幸が幸だったりしますから、人生は。

飼っていた馬が逃げてもうた。ガクーッときてたら、馬が駿馬《しゅんめ》を連れて帰った。そしたらその馬に大事な息子が乗って、落ちた。片足が一生悪くなった、落ち込んだ。戦争が起きた、息子は兵役を免《まぬか》れた、みたいなね。

これはものすごい印象に残っている。場面、場面で浮かんでくるんです。つらいとき、空元気《から》でも胸をはって気を前に出して、心で泣いても笑顔で。そういう者に運が降りると自分は思うてますから。

喧嘩ができないならヤクザじゃない

父親は織田が徳島刑務所に服役中、亡くなった。母親は織田が二度目の服役となる大阪刑務所（通称ダイケイ）に在監中に亡くなり、織田は両親の死に水をついに取れなかった。最大の親不孝をしたと述懐する。

織田は一八歳のとき、父親の服役で前出の酒梅組系張本組に預けられる。張本にはそれより三年ほど前に父親を通して紹介されていた。「そういうことならオヤジが帰るまでうちに来ないか」となり、大阪・中津の事務所に出入りするが、事務所の奥には絶縁者であるはずの高見敬一が毎日どんと座っていた。

張本とは盃を取り交わさず、預かりという立場のまま、二年後、張本組の若頭補佐、三年後には若頭にまで登用されるが、「山口組と喧嘩するな」が不文律の酒梅組に嫌気が差し、指を詰めて脱退した。

織田　忘れもしません。二一のとき左小指を落として、張本の組長に直接手渡し、その足でそのときは出所してシャバにいた父親のとこに行って、事後報告になるけども、今こうしてきましたと。「おやじ申し訳ない」と頭を下げました。

張本組長とは盃がなかったけども、高見の会長や、紹介した父親の顔をつぶしたという、自分の中では葛藤がありました。だけど、俺はここではヤクザはやれない。

基本的に喧嘩はするなと、経済重視の組織やったんですね、酒梅組本体が。麻雀でテラを上げる程度で常盆はなかったけど、その分バブル経済の恩恵でイトマン事件の許永中会長や、同和の小西邦彦会長はじめ、多くの大物が事務所に出入りし、多額の収益を上げていました。仮に自分が経済ヤクザを目指していたならもってこいの環境でしたね。

組長は酒梅組五代目・谷口正雄の本家舎弟でした。喧嘩ができないなら、ヤクザじゃない。相手が大きかろうが小さかろうが、ヤクザは場面場面の是か非かでしょう。で、父親に、「これからお前どないするんや」と言われたとき、若気の至りで一本独鈷でやる言うて、天六天満《てんま》の天に誠で「天誠会」と名乗って、組をやったんです。

自分はそれ以前から、天六天満中崎町に数十名の愚連隊を集めていて、そのまま、若気の至りで組織を名乗っていました。愚連隊の延長です。

まだ一九のときに「日韓同志会」いうてね、梅田と天六の中間に中崎町という在日の街があるんですけども、ちょうど韓国民団の中央本部があり、その側のマンションの一室を借りて、事務所まで作ったんですね。

ちょっとませてましたね。自分がまだ一〇代のときでしたから。間違ったことをしてないかぎり、どこが来ても引くなよと。

日韓同志会の副会長には後の「初代織田興業」舎弟頭となる織田玳揆（テルキ）が就き、この男が強烈でしてね。母の兄の子で、自分の従兄弟になるんですけど、父親が近大在学中に柳川組に入り、直参組長となり、殺人で八年、満期出所して二〜三年でまた殺人で一〇年、徳島でつとめてたときに、当時まだ法改正前か何かで大村収容所から強制送還される寸前のところ、実家がある部落解放同盟日之出支部の偉いさんが汗をかいてくれ、徳島からすんなり日之出の実家に帰してもろたんですよ。だから自分はいまだに解放同盟には感謝です。祖母のうれし涙が忘れられませんから。

そのテルキなんですが、まぁーやりっ放しでね。中学二年でどっぷりとシャブにはまり、病人みたいにガリガリになったかと思えば、ちょっとの間、やめると、一二〇キロの巨体になって、身長一八〇センチ前後ありましたから、貫禄も十分でした。自分はよく在日に見えないと言われるんですが、テルキの場合は外国人登録証要らないほどで、ホンマに怖い顔でした。子供のころは、淀川から北大阪辺りでは〝淡路のテルキ〟といえば、同年代の不良は皆、シビれ上がっていましたね。〝山波抗争〟で五年つとめて帰ってすぐに亡くなりましてね、満期出所日に、その足で徳島刑務所まで来てくれて面会室で語り合ったのが最後でした。生きていれば今ごろは……、実の兄弟のように育ち、どこ行くのも一緒で、ムチャクチャでしたけど、頼りになる右腕でした。出所して、さあこれからというときでしたから、本当に残念でした。亡くなったテルキの分まで頑張らなあかんという気持ちは今もまったく変わりませんけどね。

一本の天誠会立ち上げてからですね、ばーっとスカウトがかかって、うち来い、うち来い。もう元気のよいゴンタばかり、四〇～五〇人若い者がおりましたから。それはもうえらい勢いでした。一本でも、どこが相手でも引かんと。金澤（成樹）、紀嶋（一志）、大島（毅士、ともに現・任侠山口組幹部）もそのころからの初期のメンバーで、後に天六長柄に事務所を移しましたが、自分のような出来の悪い男に三十数年、いまだに頑張ってついてきてくれている。

振り返ると、よお、殺されんかったなと思いますね。全員子供で、少年ヤクザの集団でしたから。悪運はものすごく強かったんですよ、当時から。

結局、倉本組の初代から生まれて初めて盃をいただいたわけですけども、これ倉本初代の生きざまに惚れ込んでですね、自分から望んだんです。いろんなとこからスカウトがあったんですけども、ある日、神戸の佐藤組（佐藤邦彦組長、四代目山口組直参）で十数年間若頭してた児島寿志という姉のダンナが倉本組副組長の水戸さんと兄弟分で、さらに倉本組舎弟頭の中西さんも交えて私の話になり、中西さんが倉本組初代に「ええ若い衆おりまっせ」「どこにや」「大阪の天六ですわ」「すぐ会わせ」と、トントン拍子に話が進み、水戸さんとこの広友会というミナミの事務所で面通しさせてもろうたんです。倉本初代の顔はヤクザ雑誌でよく見てましたが、小さい体に何とも言えん迫力とオーラのある人で、言葉を交わしただけで、「ああ、この人や」と即決でしたね。児島の義兄はその後、姉とは離婚しましたが、男のつき合いは切れず、私の恩人の一人です。後にカタギになり、今も不動産業で頑張ってられますが、その後も何十年とつねに陰から支えてくれ、私だけでなく、織田一門の恩人です。

一九八八年、織田は四代目山口組の直系組織の一つ、倉本組組長の倉本広文から人生初の盃をもらい、倉本組の若衆になった。倉本広文は幼時から織田の憧れの対象だった。

倉本はもともと〝殺しの軍団〟柳川組の出である。一九五八年、柳川組が、西成の管理売春と覚醒剤をシノギにする酒梅組系鬼頭組と抗争した際、組事務所に殴り込んだ八人のうちの一人だった。

織田　倉本初代はよくも悪くも極道の中の極道ですね。喜怒哀楽が激しかったけど、その分、何を考えてはるのか、わかりやすい親分でした。鬼頭組への殴り込みは一〇〇対わずか八。その抗争で柳川組は鬼頭組に死者一名、重軽傷者一五名の損害を与えた。殴り込みのとき倉本初代はまだ一六歳で、柳川組では珍しく在日ではなく、日本人だったけど、柳川初代が可愛《かわい》がり、「わしの実子分（実の子供）や」と言っていたそうです。

それと、若いころ一度ＪＲ天満駅そばのホテルで寝込みを襲われている。一人が日本刀で斬りつけるのを左手で受け止め、左手の神経を断ち切られた。手はくっついたけど、親指が動くだけで、あと四本は動かない。

柳川組は一九六九年に解散したけど、倉本初代は意地を張って、どこにも属さず、一匹狼でやっていた。そういうとき看板のある者七、八人が束になって襲ってきた。周りは言いました。

「倉本がやられた、喧嘩の倉本負け知らずがついに終わった」と。

実際に喧嘩は無茶苦茶強かったらしい。そう言われたどん底から、倉本初代は這い上がった。

とんとん拍子の人より、いろいろあった人に自分、心惹かれるんです。エリートよりも地獄を見た人。そこから自分の努力で、覚悟で、這い上がった人。そこにやっぱり、惹かれましたね。プラス柳川、かもしれません。柳川組初代柳川次郎という人は自分にとって特別な存在だったんです。

柳川組は山口組の直系組織の一つで、二次団体でありながら、本家筋の山口組と肩を並べ、警察庁により全国広域五大暴力団の一つに指定され、昭和四〇年代、集中的な取り締まりを受けて、解散した。

倉本はその後、同じ山口組直系の宅見組に拾われ、副組長に抜擢され、五代目山口組では若頭補佐の一人になった。


織田　田岡一雄という（山口組）三代目親分は、我々不良にとって、当時一〇代のころ、遠ーい存在なんです。雲の上の、ヤクザの神様的な存在。

田岡三代目に比べて、柳川次郎という人は、ものすごく身近やったんですよ。なぜかというと、自分、大阪の豊中市に縁があるんです。東淀川の西淡路から引っ越したので。

豊中に庄内（地域）がある。豊中の北東部、つまり箕面《みのお》市寄りと吹田市寄り、こっちはものすごく環境が良く高級住宅街が多い。ところが、南部と西部になると、大阪市淀川区と尼崎市寄りになり、このL字型の地域はガラリと雰囲気が変わります。このL字が庄内と、遊郭があった神崎で、そこにいま任侠山口組の真鍋組本部事務所があってね、だから真鍋組も、個人的に懐かしいエリアなんです。

阪急十三《じゅうそう》駅の次に、神崎川駅ってあるんですね。庄内から神崎エリア。その庄内に初代柳川組の本宅と道場があった。そこの道場長というんか、それが倉本初代だったんです。

なんせ、倉本の初代が奈良の少年刑務所で、昔はきつくて、徹底的にしごかれたでしょ。で、出所してからですね、ちょうど一〇〇対八の西成の鬼頭組との伝説の乱闘があったんです。あれで奈良少年刑務所につとめたんです。倉本初代が一六歳のとき。で、帰ってきたんですよ。

ほんなら奈良少での実際のシゴキ方、知っとるもんですから、当時の柳川組の方針で、庄内の柳川組の本宅の隣の道場に、支部の若い子を集めて、そこが教育の場やったんです。竹刀、木刀でバチバチにやる。それの責任者です。だから倉本の親分が庄内におったんです。で、柳川の初代も庄内、事務所が梅田の堂山、東通りエリア。倉本初代が梅田から庄内を、そのころは電車で通ってたんですよ。事務所と本宅、道場。そういうの含めて子供ながらに柳川というのはものすごく身近に感じていましたね。

井上邦雄との出会い

織田は倉本の下で「織田興業」を結成し、一年後に倉本組の幹部へと昇進していった。一九八九年、五代目山口組と竹中組との抗争「山竹抗争」が起きると、同じ日に倉本の盃を飲んだ、西成・川中組の川中幸男組長（当時・倉本組若頭補佐）とともに倉本組長のボディガードに抜擢された。当時川中が四一歳、織田が二二歳だった。

一九九〇年、五代目山口組と波谷《はだに》組が抗争した「山波抗争」が起きると、九州・福岡で弘道会系組員が波谷組系組員から射殺されるという抗争発生からわずか二日後、大阪で織田興業組員二人をして、波谷組の平澤組系組長を銃撃させ、事件の首謀者として逮捕、懲役一二年の刑で徳島刑務所に服役、そこで山健組の井上邦雄組長と知り合うわけだ。

織田　子供のころ父親に叩き込まれてましたから、大阪府警四課の取り調べだろうが、徳島刑務所でヤキ入ろうが、音《ね》を上げなかった。当時、徳島は全国でいちばんきつかったみたいですね。自分は初犯でしたから、刑務所はこんなもんだろうと思ってましたけど、やっぱり、比較すると、徳島がいちばんきつかったらしいですね。徳島刑務所の鎮静房いうたら、刑務所の中の刑務所です。鎮静房というたり保護房というたりするんですけどね。いったん問題を起こすと、コンクリート製で四角四面の部屋。窓もない、鉄の扉の中にほうりこまれるんです。夏は蒸し風呂、冬は冷蔵庫です。そこで両手にワッパを嵌められ、ヤキが入りました。昔の米袋みたいな、麻袋みたいな袋を被せられ、その上から刑務官が殴る、蹴る。やられた者は誰が手を出したか、顔も名前もわからない。これが徳島刑務所の保安課のやり方でしたから。

入所して二年くらいで、十数回懲罰と鎮静房へいったりきたりです。それでも一回も泣きを入れなかった。そしたらえらいもんで、刑務官の方が、あれはもういらわんでおこう、と。たとえば作業中の不正交談。いうたら、担当さんの目盗んで顎いったり（おしゃべり）するわけです。退屈で、みんなしゃべったりするわけ。パッと自分が見られても、しらーんとしてる。顔付け（依怙ひいき）いうんですかね、自分うさいと、いや俺顎いってへん、あくびしただけやとかね。やるんですよ徹底的に、当時はまだ二〇代。若かったですから、なにくそと、徳島刑務所の保安課なんぼのもんじゃと、府警本部でも大阪の四課がなんぼのもんじゃと、やりましたから、ヤキを入れられても音を上げない。今、思い返すと恥ずかしい限りですけどね。

織田はこの徳島刑務所で、当時、山健組系健竜会理事長補佐から山健組若頭補佐に昇格していた井上邦雄（その後、神戸山口組組長と四代目山健組組長を兼任）に出会う。健竜会は後に五代目山口組組長になる渡辺芳則が山健組組員だった時代に創設した組である。今では山健組の中では「名門」とされ、健竜会の会長が山健組の組長になるといった習慣さえ生まれている。

井上は、山口組と二代目松田組との抗争（大阪戦争。一九七五〜七八年）に健竜会組員として参加した。彼は組員二人をして、和歌山市の松田組系西口組の組員二人を射殺させ、後で殺人の共謀共同正犯で懲役一七年の刑を宣告され、徳島刑務所で服役していた。

織田は当時、井上邦雄に対してどのような感想を持ったのか。

織田　そうですねえ、なんと気さくな方、という第一印象です。当時は（三代目山健組組長の）桑田（兼吉）時代ですね。井上組長は三代目山健組の若頭補佐やったんです。で、自分はそのころ初代倉本組の若頭補佐。で、倉本、桑田の二人はともに五代目山口組の若頭補佐でした（だから、井上とは同格と思っていた）。倉本初代のほうが桑田組長より先輩ですね。

井上組長は大阪戦争を戦った功労者であり、大先輩だけども、当時は心の中では五分だと。山健だろうと中野（中野会）だろうと遠慮する必要はない、と。自分は年が若い。若いだけに井上組長に限らず誰にもなめられたらあかんと。で、約二年間一緒におったんです。同じ工場にですね、第八工場、洋裁です。

作業はミシンでした。生まれて初めてやることですから、ミシンのペダルの踏み加減、糸の巻き方、ぜんぶ井上組長に教わった。一、二、三と三班にわかれていて、井上組長はそのとき班長でした。

私は業務用ミシンの初心者ですから。井上組長は作業指導者ですね。教えてるふりしながら、ずーっといろんな雑談していた。班長だから、みんなのところを歩いて回れる。で、何の話だというたら、いや、作業の話だということで、結構二人での会話、作業中も楽しめましたね。

——井上からはヤクザの所作、振る舞いという点で学べる点はあったのか。

織田　ヤクザとしてじゃなくて、人として学べる点は多々ありました。たとえばトイレの順番や座る席、運動時間のベンチとかね。お先にどうぞと、ヤクザでもカタギでも分け隔てなくやるんですよ。だから、あぁ、こういう人をできた人、人格者って言うんだろうな、と思いました。まだ私が二〇代半ばでしたでしょ。で、井上組長は当時四〇代。へたしたら四〇代の前半じゃなかったですか？　だけど、なんて言うんですか、ヤクザとしての凄み、気迫といったものは当時感じなかったですね。常にいい人で、出来た人でした。

工場では「担当」が権力者ですよね。もう担当の思うがままですね。あれほどの権力者は他の世界ではいてないくらい権力者。自分が気に入らんかったら、「はい懲罰」、みんなびくびくしますからね。

そのころ徳島刑務所では一五年、二〇年選手はザラで、無期だけでも一〇〇人前後おったらしいです。ジギリかけたサムライも、各工場にゴロゴロいました。カタギでもクラクション殺人事件とか、爆破事件とか、「あー聞いたことある。あれがあの人か」みたいな人ばっかりですよ。そういう連中がピリピリしてましたから。逆にピリピリさせんと、刑務所の運営上、まとまらなかったんでしょうね。

そんな中で、自分は担当と徹底的にやり合いました、二年間。担当に認めさせるまで二年かかりました。鎮静房に何度も行かされて、一度も泣きを入れず、かえって向こうが音を上げて、特別扱いするようになった。そこまでもっていけたんですけども、井上組長は絶対に、担当には逆らわない。二〇代と四〇代という、当時の年齢も関係していたでしょうね。

井上のその後の軌跡にも、よほどのことがないかぎり空気を乱さない、争わない、調和的に振る舞うところに表れているような気がする。

織田　持論ですけど、ヤクザが服役して、絶対、担当にむかっ腹が立つ場面があるんですよ。男気を見せる場面が。

同囚の仲間が、(目の前で)やられて助けなあかんとか、担当がもう毎日理不尽ですから、「ちょっと待ってくれ、担当さん、それおかしいんじゃないか」と、自分はようやりました。もちろん損を承知で。

やらんで済ますためには、すべて見て見ぬふりをして、己を守り通す保身の術を身につけてなければならんのです。

人それぞれでしょうけど、自分は個性ある人間らしい人間が好きですね。ヘタうったり、損したり、頭を打ってね、そのつど反省しながら、少しずつ成長していくという。ポカをするいうのは、自分からしたらその方が人間らしい。若いうちから計算されつくしたロボットか機械であるかのように人間味を失ったらお仕舞いです。

「織田を頭に」

一九九七年八月、五代目山口組の若頭・宅見勝が新神戸駅の隣、新神戸オリエンタルホテル四階のティーラウンジで山口組若頭補佐の一人、中野会会長・中野太郎が遣わした襲撃隊に射殺された。若頭といえば、政党でいえば幹事長や書記長に相当し、組のナンバーツーである。

宅見射殺は山口組の中枢部で起きた凄惨な仲間殺しであり、しかもこの宅見殺しには、組長・渡辺芳則の暗黙の了解があったという噂が流れた。

織田が親分と仰ぐ倉本組組長・倉本広文は前記した通り、柳川組の出ながら、柳川組の解散後に宅見組に移籍し、宅見組の副組長に取り立てられた後、山口組若頭補佐の一人にまで上った。つまり倉本にとって、宅見勝は大恩ある人だった。織田にとっても親分の恩人であり、宅見が中野会に殺されて、そのまま殺した側を放置することはあり得なかった。

織田　倉本の初代は、宅見事件後の天六会館での葬儀で「兄貴、仇《かたき》は絶対討ったる」と言ったそうです。倉本初代が「カシラはさぞ悔しかったやろう」と人目をはばからず涙を流したにもかかわらず、当時の倉本組若頭・小篠鎮生をはじめ、皆が一向に動かなかった。そのときです。倉本初代が「織田を頭《かしら》に」言うたのは。「倉本組はこのままじゃあかん。織田がつとめから帰ったら、頭に据える」。それ以前から織田の出所まであと何年や、あと何年や、と指折り数えて待ってくれていたんですが、これは感無量でした。

いまだにこの初代の言葉は、自分のヤクザ人生で、大事に大事に腹の底に置いてる宝です。

自分、満期で三五歳でした。ヤクザは歳関係ないっていうのが、倉本初代の口癖でした。自分もよう言われました。「遠慮することあるかい」って。自分はまだ子供でしたから、それを鵜呑みにして、倉本組の先輩、大先輩を捕まえてやってしまったこともありますけど、今は反省していますね。なんでかいうと、自分が旭川刑務所に不良押送された流れを知ってから、倉本組の中でちょっと意見が割れたそうなんです。

自分は徳島刑務所をひっくり返して、懲罰五〇日、昼夜独居半年を経て最終的に、旭川刑務所に飛ばされたわけですけども、倉本初代はそういうことを後で耳にして、実際に倉本組全体の所作をよう見て、「ああ、このままじゃあかん。織田が帰ったら頭にする」と言い始めたのです。

倉本組には当時二〇〇〇人以上の組員がいて、その当時は山健、弘道、倉本、宅見、中野の順で五大組織の一つでした。自分は満期出所時で三五歳ですから、実際にはまだ器量不足です。大倉本の頭になる器じゃないですけども、そう言うてくれただけでも、言葉だけでもヤクザ冥利《みょうり》に尽きます。

たられればを言うたら、ちょっと女々しく聞こえるかもしれませんけども、どうしても思うてしまうのが、倉本の初代が一九九八年、五六歳でまさかの急死でしょ。自分が出所するまで、あと四年残っとったんです。せめて六〇の大台まで生きて待っておいてくれていたらと。

誰しも刑務所でつらいとき、出てからのことを思います。面会で姉から伝言として聞かされる初代の言葉を励みに懲役をつとめるわけです。ちょうど私が出所するとき、倉本の初代は還暦なんです。そのときはダブルのお祝いですね。満期出所と初代の還暦祝い。同じ日に倉本の盃を飲んだ、苦楽を共にした西成・川中組の川中幸男組長を横に「織田、ご苦労やったのう」と初代が言われる。銭カネじゃなく、「ご苦労やったのう」と目を見ての一言、これですべて報われます。そんなもんです。元来、ヤクザは単純ですから。

満期出所して、倉本初代と再会する場面を想像しながら、それを励みに頑張らしてもらいましたから、五六歳で急死と聞いたときはショックでしたね。姉は自分に心配かけまいと、病状悪化を隠してましたから。

自分としては徳島刑務所で、中と外とはいえ、宅見一門の倉本の子として、宅見一門の倉本組の織田として、勇気を振り絞って中は中なりに行動に移しました。その結果が旭川刑務所への不良押送です。旭川の独居で親分急死の訃報が届いたときは、正直、目の前が真っ暗になりましたね。

——織田は徳島刑務所でどのような騒ぎを起こしたのか。

織田　通称を「ガテ」と言うんですよ。手紙のテガをひっくり返した隠語ですね。小さく用件を書いて、配食係などに託す。配食係はご飯を出しながら、担当から見えんように密書をギュッと指に挟んで、目当ての懲役に渡す。違う工場も配食係の作業がかぶるんです。別の工場との連絡のやり取りがある。

自分の工場から、四ヵ所、四〜五通くらいを檄《げき》文として飛ばしたんですね。数ヵ所の各工場に少人数でしたけど、倉本組の組員がつとめてました。

各工場とも、どこに行っても山健がいちばん多かったですね。次に、中野会も多かった。宅見組や倉本組いうたら、全体でも少数でしたね。その中で各工場の倉本組の者に檄文を飛ばしたんです。

そのうちの一通が、担当にバレたわけです。どういうことかというと、何月何日何時から工場対抗で卓球の試合がある。その試合で、俺がまず先頭をきって「ある人物」を襲撃する。と、非常ベルが鳴るから、それを合図に各工場の中野会の者を同時に全員襲撃しろ、飛べ、と指令を出しました。こういうことを刑務所用語で「飛ぶ」と言います。中野会のものを一斉に襲撃しろ、やれ、という計画でした。

刑務所の中としては、大胆不敵すぎる襲撃計画である。所内では暴動に次ぐ計画だとして、騒然としたにちがいない。

織田　自分の襲撃で非常ベルが鳴る。それが合図だ、と。徳島刑務所の保安課はひっくり返りました。あの金禎紀の野郎が。アイツがやる、いうたらホンマにやりよる、と。奴がやるいうことはハッタリじゃないと、今までの自分のつとめ方で知ってますから。

徳島刑務所に入所してすぐの一発目の工場のとき、工場を仕切っているボスがおったんです。固有名詞は伏せますが、山口組直系組織の若頭です。大阪戦争の功労者で大先輩ですけどね。その人物が、倉本初代の誹謗《ひぼう》中傷をしたんです。で、自分が飛んだんですよ。そのときも、刑務所はひっくり返りましたから。というのもその人物が他にも直参の若頭や舎弟頭といった大物クラスと三兄弟の縁を結んでいて、その三人の息のかかった者が各工場アチコチに散らばっておりましたから。その一人を、徳島行って早々にやっつけてしまったんですね。看守も困り果て、懲罰後に下ろす工場がなくなった。そんなとき、引っ張ってくれたのが倉本初代の兄弟分、三工場にいた黒竜会山本会長でした。

要するに、相手が誰であろうと、やる。担当相手にも徹底的にやる。一歩も引かん。自分のイメージ、ガチガチだったんでしょうね。当時まだ若かったですから。

工場から入浴場、入浴場から舎房へと持ち運ぶ桶のような木箱があるんです。その中に持ち出し用の、透明なビニール袋があるでしょう、何棟の何室と書いてあるんですが、薬袋とか願箋願いの書類とか入れる。懲役が部屋に入るでしょ、これを木箱から配るんです。そこに部屋番号を小さな画用紙に書き、番号が見えるようにポケットに差し込んであるんですよ。ガテをその裏に忍ばせていた。

ところが入浴の時間に自分も風呂に入ってたんですけど、表がえらい騒がしいな思うたら、先に上がった「雑役」がその木箱をひっくり返してしまった。そのときにガテが隙間からポロッと落ちてしまったらしい。それで発覚した。

その人物が木箱をこかさなかったら？　やってましたね。結果、自分を含めて五～六人は刑が増えてました。そしたら二〇〇二年には帰れてなかったでしょう。

そんなこんなを後日詳しく初代が耳にしたわけです。そのとき以降らしいですね。「出たら頭にする」と人前でも言い出したのは。

倉本組の中では「あの若造が」いうのと、「織田がやろうとしたことは間違うとらん」いうのとで割れとったみたいですね。自分も若いのにシャバでいろいろとやっつけてましたから、内部に敵さんもいる。

まあ、そんなことはええとして、初代のその思いが、今でも宝です。「倉本組はこのままじゃあかん。変わらなあかん。織田を頭に」。残念ながら初代の急死、分裂、倉本組消滅で実現しませんでしたが。これは自分にとって生涯忘れられない最高の言葉ですね。そうならなかったとしても。

健竜会へ

二〇〇二年、織田は旭川刑務所を出てから、二つに割れていた旧倉本組には戻らず、山健組に引っ張られる。旧倉本組はそのころ、貴広会（会長・津田功一）と倉心会（会長・小篠鎮生）に二分裂し、ともに山口組の直系組織に取り立てられていた。

織田　これは相当悩みましたね。皆さんが、意外やったと言いますね。

シャバにおるものは、山口組本家から使者が来て、小篠か、津田功一か、どちらかに丸印をつけろと、無理やりどっちか行かされるしかなかったらしい。

自分はそのとき、シャバにおりませんでした。倉本組は跡目争いで内部抗争を起こした。天六出身で里村こと李甲一、というのがおったんです。これが当時、倉本組の組織委員長しとったんですかね？　里村は倉本初代が、西成の一〇〇対八の抗争で奈良少年刑務所につとめとったときの初めての舎弟です。誰が相手でもズバッとものが言える男でした。これが暗殺されたんです。

この事件は内部抗争扱いになり、それ以前にも倉本本部道場で両派が大乱闘を起こしたりを含めた上で倉本組の名称は消されると決定した。自分から言わせたら、小篠さん、津田さんに対しては、「そりゃあプラチナつけて（山口組では直系組長になると、プラチナ製の代紋バッジをつけられる）出世できて、おめっとうさん」という話ですよ。その代わり、倉本組の名称は消えました。その責任を誰がとるんや？　という思いです。私利私欲で倉本の名消したあんたらの盃は飲まんと。一本でも、潰されようがやったると。そういう気持ちでした。当時はね。

で、そのころ、織田興業の若頭として、天六のマンションの一室を事務所にして織田興業を守ってくれていたのが今の紀嶋一志（現・二代目織田興業組長、任侠山口組組織統括＝大阪北区）と大島毅士（現・奥州連合会会長＝宮城県石巻市、任侠山口組直参）です。山健連合会会長（長野県）で任侠山口組本部長補佐の金澤成樹は、私と入れ替わるように徳島で服役中でした。面会にずっと来てくれていた実の姉を介して、紀嶋に言うたのは、自分が出所するまで、倉心会、貴広会、両者から、一円たりとも援助を受けるな、借りを作るな、と。紀嶋と大島は四年間、塩をなめてでも、頑張りぬいてくれました。何も誇れるものがない自分にとって、紀嶋、大島、金澤は、やっぱり誇りですね。三人がいたから今の自分があるんです。

自分が旭川刑務所に不良押送されましたよね。倉本初代親分が急死されてすぐ、忘れもしない月曜日、実の姉が旭川に飛んで、面会に来てくれたんです。姉は一二年間ずっと来てくれてました。自分は姉にこう言うたんです。「語弊があるかもわからんけども、誰でもいい、倉本組の二代目を立てて、倉本の名を残してほしい。それ以外は自分の役職も含め一切望まない。誰でもいい、内輪喧嘩だけはしてくれるな」。これを言うたんです、悪い予感しとったんですよ。

なぜかというと、宅見事件後の山口組五代目（組長・渡辺芳則）体制にとって宅見組や倉本組の存在は目の二のコブなんです。コブは取られる。必ずそうされるんじゃないかと、中でつとめながらも不安感がありました。派閥が渡辺五代目とは逆でしたから。ハンメでしたから、必ず何かしかけられると。その上、倉本初代と仲のよかった黒誠の前田（和男会長）のオジキも亡くなっていたし、弘道会会長も不在、宅見組二代目も不在、黒竜会山本会長も宅見事件直後にパクられ（逮捕されて）不在。川中幸男の兄貴分で倉本組副長だった是木の組長は西成事件（三島組組員射殺事件）で破門。本家に対して、是々非々でズバッとものを言える芯のある男が誰もおらん状態でしたから。倉本組の悲劇が続いたわけです。

絶対に揉めずに二代目を誰でもいいから立ててほしい。自分は出所後、その二代目とたとえ過去、ハンメだったとしても、もういっぺん親分として立ててジギリかける覚悟やと。

これを姉ちゃん、必ず伝えてくれと、奈良の倉本組まで行かせたんです。姉は確実にそれを組の執行部に伝えとんのです。が、二派に分裂です。頭にきました。宅見事件の返しもせんと、己の出世と利権の取り合いしか頭にない。結局は私利私欲なんですね。

自分がまさか山健組の、しかも健竜会に行くと知って、皆さんびっくりしてました。徳島刑務所でつとめていた金澤も、同囚や刑務官までビックリしたと言うてました。自分がなぜ旭川に移されたか、奥の奥まで知ってますしね。

大阪西成の黒竜会、山本竜五郎会長。初代柳川組舎弟頭から地道組舎弟を経て三代目山口組直参となった福田組の若頭で、兼一会初代荒木の元親分ですね。一〇〇対八で鬼頭組を解散に追い込み利権を取り上げて、西成の覚醒剤利権のボスでした。福田組から継承する形で西成を事実上仕切ってきた人です。

この人が、さきほど言うた奈良の少年刑務所で倉本初代の初めての五分兄弟。初めての舎弟が里村こと李甲一。山本会長と自分は徳島刑務所の印刷工場で一緒やったんです。そこで、ある人物をドツキまわして、どこも工場行くとこなくなったとき引っ張ってもらってからの御縁です。

で、自分は一本で織田興業を再結成。といっても紀嶋が事務所を以前から再建してくれていて助かったんですけど、旭川を出て、織田興業一本で行っとったんですね。私を入れて八人からの再スタートです。

そのときに黒竜の会長に、舎弟の隅っこでいいので、置いてくれと申し入れをした。そしたら「うちではあかん、大きくなれん」と言われた。そこのシノギが覚醒剤ですから、ヤクザの本線じゃない、と。山本会長には負い目もあったんじゃないですかね。うちでは大成できない、と。

かといって、小篠鎮生と津田功一の両名を黒竜の会長は認めていなかった。ヤクザとして芯がない、と。

いっそのこと、山健という大きい土俵で、本流の健竜で己の力を試したらどうや。大きい男にならなあかんと。倉本がそれを望んでたんだ、と言われ、黒竜会入りを断られました。

それが結果的に、自分の中では殺し文句だったかもしれません。織田が大成するように、倉本は望んでいた、と。自分は留守を守ってくれた紀嶋、大島に、どない思うかと、何回もその話をした。

いま健竜会に行ったら、そら、ええとこ付きだの、裏切り者だの、誹謗中傷はひどいで、それでもええんか、と。侃々諤々《かんかんがくがく》やってたんです。で、最終的に、それで行きましょう、三人で決めた、三人だけの「ある志」を立ててね。で、新天地で頑張ろうか、となったんですけど。案の定、風当たりは強かったですね。ハンメの外様のしかも若僧ですから。

平成14（2002）年、旭川刑務所より出所し、倉本組組長の墓に墓参。織田35歳

山健組改革に乗り出す

二〇〇二年、三五歳のとき、織田は四代目健竜会会長・井上邦雄の盃を受け、健竜会の若中になった。会長・井上は織田のキャリアを考え、当初、健竜会舎弟にして半年後に山健組直参への道を用意するが織田がこれを断り、それならと健竜会若頭補佐を勧めたが、織田はそれも断り、あえて若中の末席からスタートした。

翌〇三年五月、井上邦雄は三代目山健組若頭に昇格した。それまでの若頭・橋本弘文（極心連合会会長）は組長代行に上った。同年、三代目山健組桑田兼吉組長の保釈金数億円が消えた際、桑田保釈にかかわっていた繁田会会長・繁田誠治をめぐる「繁田問題」が山健内部で浮上した。繁田は責任を問われ、山健組から絶縁されたが、絶縁後も堂々と神戸の街を飲み歩いた。同年一二月、神戸元町の飲食店を出た繁田が刺殺され、同行者も重傷を負わされる。織田は繁田刺殺事件への関与を一切否定しているが、当時、兵庫県警の一部関係者は「まず間違いない。しかし証拠がない」としていた。

この繁田事件により、井上は不動の若頭、橋本は山口組直参となって山健の跡目レースは井上に軍配が上がった。

偶然だが繁田事件後の翌〇四年年明け早々に、織田は健竜会の若頭補佐に昇格した。翌〇五年には山健組の直参に引き立てられる。

同年八月、井上邦雄は三代目組長・桑田兼吉の引退に伴い、四代目山健組組長に上った。同時に六代目山口組の直参に名を連ね、「幹部」という役職を与えられた。同年一二月には、六代目山口組の若頭補佐の一人に列せられた。

織田はそれまで率いていた織田興業を「邦尽会」に改称、さらに大阪刑務所（大刑）から出所後、腹心の金澤成樹を二代目会長に据えて代替わりし、組織を手放す形で一人親方になった。

このころ織田が組長・井上邦雄の特命を受け手掛けたのが、組織改革である。井上は新組長に座って、組織固めをする間もなく、多三郎事件が起きる。

「己の保身のために子を殺す親がどこにいる」

「桑田体制よりひどい。使途不明金はどこへ消えたのか」

「井上家はぜいたく三昧。家に車をいくつ持てば気が済むのか」

山健組内部で怪文書が飛び交う事態となる。幹部の中には井上を面白く思わない井上反対派が何割かいた。

織田　自分が、大刑から出所しましたよね。二、三ヵ月でぽんと幹部になって、また二、三ヵ月でぽんと執行部入りした。山健組の若頭補佐になったんですね。

そのころ（二〇一〇年四月）山本國春さん（四代目山健組若頭、健國会会長）が組織的殺人罪（多三郎一家総長・後藤一男刺殺事件）で逮捕されました。そこから、山本國春さん不在の中で、井上組長と私の距離はさらに縮まったんです。

今、任侠（山口組）の相談役をしている大下秀夫（秀誠会会長＝大阪此花区）、向こう（神戸山口組）に残留している宮田世市（四代目山健組若頭補佐、宮田興業の初代＝大阪城東区）、私の三名が山本國春さんの弁護団担当者となって、私が大下相談役の推薦で責任者になった。五年くらいですかね、一審、二審と、二〇一五年六月、最高裁で懲役二〇年の刑が確定するまで。神戸の弁護士先生が三名、私が大阪の先生の担当をやったんですよ。

井上組長の山本國春裁判への思いが半端じゃなかったですから、徹底してお手伝いをさせてもらったんですけど、それと並行して、同時進行で山健改革をやったんです。

当時、山健組は平均年齢が七〇歳近かったんですかね。山健組には古参のうるさ型の方がゴロゴロいてたんですよ。まず手掛けたのが直参の若返り、世代交代です。それとどうしても弘道会に押されていた東日本エリアの強化。そういったことを主としてやらせてもらいました。

相前後して、邦尽会を金澤成樹に譲り、紀嶋一志を当時、絆心会会長として同時昇格させ、この二名を山健組の直参として昇格させた。そのとき、私は一人親方になって、それからです。古参の大先輩方を説得して、時には肩を叩かせてもうて、おおよそ三年くらい、急ピッチで五〇団体以上の代目継承をやり遂げました。その後、東日本強化をやりましたから。平均年齢はそれこそ五〇歳前後に若返りました。古参の方々は十人十色、個性的ですから山あり谷あり、難しかったけれど、あの手この手でやりました。

なぜ組長たちは代替わりをしたがらないか。それは、一度堅気になると、すべてを失ってしまうという気持ちです。

それを実際はそうじゃない、と。そういう説得をしたんです。代替わりはしても、逆に山健組に現役で残って下さい。一段高いところから見守ってやって下さい。会費については一円たりとも要りません、と。なぜかというと、手塩にかけた若い者を親分（井上組長）に渡すわけですから、これ以上の親孝行、組織貢献はないんじゃないか。それをしてくれた人から高い会費を取る必要はない、と。

そういうところに持っていってですね。まして自分自身が先に一人親方になってみせたからこそ、グンと説得力が出ました。ドンドコ、ドンドコ代替わりに成功して、一気に平均年齢が十何歳、ひょっとしたら二〇歳くらい若返った。と、一気に山健組全体に活気が出ましたね。

それまでは花隈老人ホームと、口の悪いもんは陰で言うてました。それくらい古参がいっぱい上に詰まってしまっていたんですね。山健組の直参組の頭とか本部長とかも、だんだん年齢が上がってくるわけですね。山健組でヤクザやっとる者は末端まで、山健の直参はよその直参よりも値打ちがあるんだと、自負心、プライドを持っているんです。皆が一つの目標として、山健組の直参を目指していたわけです。名誉なことでしたから。

ところが親方が身を引かないから、ズルズル年齢が上がってしまう。そんなら俺もここまでか、三役止まりかと、諦めの境地に入っていた人も何人かおった。ある日突然それをバンと外したところ、念願の直参に上がった者は目標に達して嬉しいし、やりがいも出るし、皆若いですから元気もいいし、自然と活気が出ました。当時は新直参誕生の度に若手、中堅が大勢集まり、食事会や酒盛り。振り返ってみると、山健一五年間で若手、中堅の仲間と過ごしたあの頃が一番の思い出です。

組長・井上にとっては実にありがたい役割を果したわけだ。織田は四代目山健組の大功労者といえる。

織田　結局、私が大刑から帰った当時の山健組には先代の桑田（兼吉）組長への思いがある人、組長代行だった極心（連合会会長・橋本弘文）に世話になった人が多い。橋本さんは代行になる前、一五年くらい若頭をやったじゃないですか。長かったです。やっぱり山健歴の長い古参は大なり小なり一家の（若）頭の世話になっとんです。長年の情もあるし、山健の跡目となれなくて気の毒だという極心への思いがある人、先代・桑田組長の突然の引退に納得がいかないという思いがある人、三代目山健組の本部長・片岡昭生は出来が悪いでしょうけど（覚せい剤取締法違反で逮捕、絶縁。不起訴になったが、処分は覆らず）、片岡に義理がある人とか、いろんな色の人がおったんです。

そんな中で、井上色の旗頭だった（山本）國春さんがバーンとコケて起訴されたでしょう。この時点で皆、手のひらを返しました。これはどうにかせんとあかんという危機感が井上組長にはあったんです。怪文書は飛び交うし、「親分、逃げなはれ。組織的殺人の適用でやられる」と真顔で勧めるアホはおるし。

その中で組織として改革すべきときが来たと。この平均年齢はなんだ、と。さあこれからというとき、自分は反・井上色を消すとは一切言わずに、あくまでも組織改革という表看板で山健改革をした。井上組長と二人だけで話し合いながら、他人には聞かせられない特命でしたから。

わしも一人親方になって、若い者を全員、親分（井上）に付けた、何もデメリットはない。わしもできるのに叔父貴、先輩、なんで、できまへんの。ヤクザをやめ言うてませんがな、高いところから見とってくれ、（我々を）指導してくれ、と。先代（であるあなた）に敬意を払わす、払わなかったら、わしが絶対に怒りますから。そんなことはさせんから、しかも会費は要りません。(先輩は）危ない橋を渡ったらあきませんよ、安全なとこおりなはれ、わしが危ない橋先頭を切って渡るからと。

巧妙な説得法である。どの会社や団体もリストラや組織改革、活性化には苦労しているだろうが、織田は管理職としてそれを巧みにこなした。単なる武闘派ではないというより、武闘派としての実績や自ら組織を手放す度胸、配下への思いやりなど、丸ごと人間性が物を言って達成した成果だったろう。

ヤクザの場合、引退は組長権限の手放しと同時に、自分の周りを防壁として固める若い衆の手放しを意味する。一人になれば元の若い衆たちが「カネを貸してほしい」と強請《ゆす》り、たかりに来る。それを防ぐガードマンは身近に誰一人いず、元組長は元配下たちにむしられっぱなしになる危険がある。だから引退できないという心理がありそうである。

織田にとって山健組は中途の、それも外様でスタートしていたから、本来は針の筵《むしろ》のような環境だったはずだ。が、織田は屈せず、自分の力だけでのし上がっていく。幹部、若頭補佐、大阪ブロック長、全ブロック強化責任者を歴任し、山健組の最高幹部へと上っていくのだ。

二〇一五年八月、神戸山口組が分派、独立すると、織田は神戸山口組の直参になると同時に、いきなり若頭補佐に就いた。同年九月、わずか三週間後、神戸山口組の若頭代行に昇格する。

織田は在日三世のヤクザである。山口組では従来、在日は組長の座に上がれないといわれてきた。ここで参考までに触れるが、織田はギクシャクした日韓関係をどう考えているのか。

任侠山口組が真剣に不良外国人グループや、オレオレ詐欺などの半グレ集団を駆逐、ないしは善導して、日本の治安向上に貢献したいと考えていることは前に触れた。また紛争地域に在住する日本人の警護などにも乗り出したいとも言っている。ヤクザが持つ有用性を再び社会に認識してもらい、ヤクザが「反社」と見られることから脱したいとの願いからだ。

同組を実質リードする織田絆誠代表は在日韓国人三世である。日本国籍を持っていない。そういう彼がなぜ日本の治安向上に取り組むのか。織田に直接、聞いてみた。

織田　心ない者はヘイトスピーチまがいに「朝鮮は日本ではなく、朝鮮を守っとけ」と来る。私なりにこのテーマについて、長い間考えた。一つの結論としてわかりやすく言うと、韓国は私にとって生みの親であり、日本は育ての親だ、と。どちらも大事だが、どちらかと言えば、育ての親に決まってます。育ててもらったことに感謝し、育ての親に親孝行する。これのどこが悪いのか、と。

数十万人の在日がいる。私も経験しましたけど、必ず「自分は何ものか」という壁に突き当たるんです。刑務所にいるとき、本を差し入れしてもらい、勉強しました。と同時に、自分の記憶をたどって、じいさん、ばあさん、両親のこと、時系列で合わせて考えていく。と、なるほどなと見えてきたものがあります。

戦前の強制連行、密入国、慰安婦。ヘイトスピーチが今、拡散させてますが、あそこにはウソや捏造もあるし、過大にこう大きくして見せたりしてますけども、自分なりになんぼか調べました。

実際のところ、朝鮮人の強制連行はパーセンテージでいうと、微々たるもの。肉体労働者の数が足りなくて、多少あったと思います。従軍慰安婦については、同じようなことが世界中であった、そういう時代やった、そうしないとご飯を食べられなかった人もいたと思います。

その中でいわゆる女郎屋の女衒《ぜげん》も関係していたでしょう。それは日本国内でもあった話で、女を無理やりとか騙してとか、悪い人間もおったでしょうけど、全体でいうと、需要と供給の中で、各国で同じようなことがあったと思います。残念だけど仕方なかったことじゃないかと思いますね。まあ戦争が生んだ悲劇の一環じゃないかと。

私は日本で生まれ、日本の言葉を使い、韓国語はわからない。日本で教育を受け、日本の文化に触れ、気持ちは日本人です。だけども外国人登録証を持たされ、韓国へ行けば、パンチョッパリ(半日本人)と言われる。これは悪い言葉で、我々を韓国人とは捉えていない。

自分も五〇の歳になってようやく一つの答えが出ました。これを発信して今、頭を壁にぶつけている若い世代に伝えたい。恨みつらみはよくない、と。一世、二世はたしかにいわれない差別を受けた。在日の若い子らに言いたいのは、あんまり敏感に反応することじゃなく、もっとこう世界全体を見てほしい。ありのままに受け止めてほしいということです。

自分は一〇代のころよく喧嘩して、警察のブタ箱に入れられました。だけどお前は朝鮮だから三度の飯を一度にすると言われたことはない。施設に行けば、キチッと官服や石鹸を支給されました。

これがどこから出ているかといえば、国民の血税です。日本という国にお世話になり続けていた。恨みつらみを逆転して感謝に変えたとき、清々《すがすが》しい気持ちになれる。在日が日本人と共に日本のために、日本国民のために、これから命がけで頑張ろうということは、男として、一人の人間として、全然恥ずかしいことじゃない。

織田代表がかなり真剣に日本の治安を考えていることは察せられよう。なお任侠山口組のメンバーは九割以上が日本人、同組に所属替えした旧山健組メンバーも九割以上が日本人という。

ヤクザや前科、前歴がある者は本人が望んでも日本に帰化できない。が、在日三世になると同化が進み、意識や考えがほとんど日本人と区別できなくなる。ヤクザの世界も同様である。我々の多くが日常生活を日本語だけでまかなっているように、在日韓国人の多くも日常生活を日本語だけでまかなっている。つまり日本語人という観点に立てば、日本人も在日韓国人も区別する意味がなくなる。若い世代では今まで差別を経験したことがないという在日韓国人もいる。全部が全部、差別がなくなったとは思いようがないが、山口組では現在の六代目まで組長は日本人、執行部に在日が名を出す程度だ。任侠山口組が徐々に主流を形成し、初めての在日組長誕生となる可能性もある。

第三章　検証　五代目山口組　バブルが腐蝕した大義

山口組の悪習

五代目山口組組長・渡辺芳則の時代は一九八九年五月〜二〇〇五年七月まで、おおよそ一六年間続いた。渡辺芳則が五代目に就き、司忍に六代目を渡して、渡辺自身が引退するまでの期間であり、この間が「五代目山口組時代」である。

織田絆誠はこの五代目時代に苛烈なカネ集めと、味方身びいきという山口組の悪習が始まったと見ている。少なくとも四代目山口組組長・竹中正久の時代（一九八四年六月〜一九八五年一月）からではない、としている。

織田　田岡（一雄）三代目は、初代と二代目から引き継いだ芸能興行と港湾荷役を自分の代でさらに大きくして、山口組の正業としました。そういうものを大きくした三代目が偉かった。それと月の会費。三代目の影響力が残っている時代には、会費は純然たる組の必要経費に留まっていたんですね。ほんま三代目の時代には、月数千円と低額だったと聞いてます。

姫路の竹中四代目は三代目のお付きをしながら、筋目を立ててカネを扱うことをきっちり学び、継承したと思う。三代目は麻雀が好きやったから、四代目は何時間もそばで待たされ、ずうっと三代目の言葉を聞き、所作を見ていたんでしょうね。

では、それを乱したのは誰なんやとなったら、残念ながら、五代目（渡辺芳則）体制からなんやと思うんです。

竹中の四代目で一つだけ残念なのは、自分の存在が山口組のすべての組員にとってどれほど大事なのかという自覚が薄く、根性があるのはわかるんですけど、無防備だったことです。ヤクザとしての心意気はわかります。しかし、仮に自分が怖がりと言われても、あの時代の抗争中になぜガードを、もっと徹底させた警戒を取らなかったのか。そこが残念です。

あの人が生きとったら、山口組はまた違っていた。「五年後には中山（勝正、四代目山口組若頭、高知・初代豪友会会長）に譲って、五代目組長に座らせる」言うてたらしいですね。自分は五年間だけ組長の座布団を預かる、と。実際、そうされていたと思います。本物です。そして、そんな先代の跡を引き継ぐ形の五代目山口組が中山勝正体制になっていたら、山口組の歴史も大きく変わっていたはずと、今はそう、信じたいですね。

織田のこうした見立ては正しいのか。以下、山口組のカネと依怙ひいきをキーワードに五代目山口組時代を検証したい。

渡辺を擁立し、五代目組長への実現に力があったのは宅見勝（五代目山口組若頭、大阪・宅見組組長）、岸本才三（同総本部長、神戸・岸本組組長）、野上哲男（同副本部長、大阪・吉川組組長）の三人だった。

宅見勝はそのころから、全国で一、二を争う経済ヤクザとして聞こえていた。経済ヤクザの実力とは、とりあえずその者が一、二日のうちに調達できるカネ高であり、さらにはその者が直接持つキャッシュか、キャッシュに近い性質の資金量で測られる。

バブル期の初期、山口組本家に籍を置く一〇〇人余の直系組長たちは、いずれも平均一〇億円程度は握っていたとされる。同じころ宅見はすでに五〇〇億円は蓄えているのではないかと噂されていた。一九九七年八月、彼は中野会の手で射殺された（後出）が、その時点で握る資金量は二〇〇〇億円とも三〇〇〇億円とも推測されている。

宅見が持つ豊富な資金量が渡辺の五代目実現を目指す多数派工作に使われたこと

は、想像に難くない。

渡辺が五代目に就く直前の山口組には、組長も若頭も田岡一雄も、その未亡人・田岡フミ子も存在しなかった。跡目を決定する権限を持つ者は一〇〇人余の直系組長以外にはいなかった。

もちろん直系組長たちの投票によって、渡辺が選ばれたわけではない。きちんとした方式ではなく、漠然とした多数派工作の結果、渡辺は直参たちに選ばれた。渡辺は山口組の歴史の中で初めて「民主的」に選ばれた組長といえる。

だが、暴力団世界で「民主的」に選ぶとは、投票権を持つ組長たちにとっては、それぞれ自分にとって都合がよさそうな者を選ぶ意味になる。必ずしも組長にふさわしい者を選ぶわけではない。

直系組長の中には、当座のシノギに、どうしてもまとまったカネが要る者がいる。あるいは借りたカネを早急に返すよう請求されている者、さらには他団体とトラブルを起こし、どうしてもカネで解決するしか方法がない者など、バブル期とはいえ、あるいはバブル期だからこそ、カネを必要とする者が数多くいた。

宅見のカネが物を言ったのは当然である。宅見にカネを一時的に用立ててもらう、あるいは宅見が気前よくくれてやったカネをもらった者たちは、自ら立候補する意思を引っ込め、また他候補の支持から渡辺支持に変えた。宅見は彼らに「貸し」を作り、「借りを返す」ことを求めたのだ。

よって宅見勝がその財力をもって、五代目人事のリーダーシップを握ったのは当然である。当初から五代目体制はカネまみれで誕生した。必然的にカネの出し手である宅見勝が五代目体制の実権を握った。

筆者は九〇年六月、『五代目山口組―山口組ドキュメント』と題する単行本を三一書房（のち『ドキュメント五代目山口組』と改題して講談社＋α文庫に所収）から上梓したが、その中で五代目人事に触れ、次のように記した。

〈まず野上哲男がすでに八八年暮の段階で、渡辺から組長としての発言をしないという言質《げんち》を引き出したとされる。つまり、首尾よく渡辺が五代目になった暁には組運営の権限を、我々執行部に任せてほしい、渡辺は年齢も若く、直系組長に上がってからの日も浅い、経験に不足しているから、当分の間、我々の働きを見守ってだけいてほしい、五代目の土台づくりは我々がする、と提案し、渡辺は諒承した。渡辺が沈黙を守る期間は五年、三年、二年といった各説があるが、いずれにしろ独断専行し得ない神輿《みこし》であることを自認し、担ぎあげられたのが渡辺だったとはいえよう。

宅見勝は渡辺より四歳年長である。普通、組長より若頭が若い（若頭は組長の長男の意味。親—子盃を交わした以上、組長の子になるのだから、組長より若頭の歳が若いのは当然）。また宅見の率いる宅見組では組長のほかに組長代行を置いている。そのためもあってか、宅見勝は最初、組長代行の椅子を望み、渡辺に話を通した上、渡辺からそれを提案させたという。組長代行が組長の権限の分与であることは渡辺にも分明だったろう。だが、あえてそれを納得させ、第三者に反対しづらいよう、渡辺に発言させるあたりに、渡辺—宅見の関係が如実に見てとられる。

しかし、この宅見の目論見は通らなかった。

「『渡辺という組長が健在でありながら、組長代行というのはちょっと……』と中西さん（一男・最高顧問、大阪・中西組組長）、小西さん（音松・顧問、神戸・小西一家総長）が難色を示し、『そういうことやったら、副組長でどうや』と妥協案を示した。宅見さんは即座に『副組長なら要らん。頭（若頭）でいいわ』と言うんで、若頭に決定したという話です」（直系組長）

山口組の現在は若頭・宅見勝というより組長代行・宅見勝と見たほうがいっそわかりやすい。それほど宅見の威令がいきわたっている〉

こうした記述は今振り返っても、おおよそ事実として正しく、指摘は妥当だったと思われる。渡辺芳則は組長としての経綸をなんら持たないまま、手頃なロボットとして宅見勝などに担がれて就任し、五代目山口組が成立した。

三代目・田岡一雄の盛期に秘書役をつとめた織田譲二という舎弟（大阪）がいた。彼の事務所にはいつも米週刊誌「ＴＩＭＥ」が積まれ、英語ができる直参としてメディア関係者には一目置かれていた（実際には英語はできない。四代目・竹中正久の実弟・竹中正とハワイに行き、オトリ捜査で逮捕、起訴され、苦労して無罪判決を勝ち取った。当時、筆者はハワイに出かけ、裁判を傍聴したことがある）。

織田譲二は八六年八月、ハワイから帰国してすぐ病死したが、死の少し前、筆者は織田を大阪の事務所に訪ねた。織田は宅見が多数派工作のつもりか、最近、自分と会った際、次のようなことを言ったと、教えてくれた。

「渡辺はボンクラやから、コントロールが効くやんか」

よく「軽い神輿は担ぎやすい」と言うが、宅見が渡辺を扱いやすいロボットと見ていたことは間違いない。渡辺にはそう見られても仕方ない面があった。

筆者は八五年から八九年にかけて、宅見には二〇回以上、渡辺芳則には一〇回ほども直接対面して取材している。早い時期から二人は五代目取りを目標にしていた。渡辺は宅見に頼り切りで、宅見の言うことはなんでも聞いた。渡辺が「コントロールが効く」との宅見の指摘は、筆者にも十分うなずける話だった。

孤立する渡辺

ここでちょっと個人的な体験に触れることをお許し願いたい。

筆者は同じころ、渡辺の親分である山本健一（通称が山健）について、単行本（『雲を駆る奔馬―三代目山口組若頭山本健一の生涯』＝初版は徳間書店）を書くため、関係者に取材していた。山本健一は八二年二月、肝臓病で死んだ。山健の四十九日がすんだ後、渡辺が二代目山健組の組長に就いた。

山健について書くためには当然、渡辺にも取材しなければならない。神戸市中央区花隈町の山健組事務所に何度も通い、同所で渡辺の了解の下に録音テープを回し、取材先の一部とした。

渡辺は四代目・竹中正久の射殺後、四代目山口組の若頭にも就いていたが、当時は次の五代目組長に就けるかどうか、瀬戸際にいた。

渡辺はよい語り手ではなかった。取材のテーマは山本健一だったが、彼の話はしばしば自分のことに脱線した。どうしても思考が五代目取りの方に行くらしく、山本健一の事績より自分の履歴や資質を語るのに忙しかった。ジャーナリズムの世界では必ずしも無価値の話ではなかったが。

だが、筆者は彼の話しぶりに彼の器量と能力を読んだ気がした。ヤクザにしては珍しいほど記憶力が悪く、彼自身が関東から神戸に流れて山健組に入った年月さえ確定できなかった。話には論理性が乏しく、キレがなかった。なんとはなしのユーモア感覚も皆無だった。

こういう渡辺を五代目組長に押し立てようとする山口組とはなんなのか、とさえ思い始めた。

山健組と山健周辺の取材を終わりかけたころ、私の渡辺像を決定的にする出来事があった。渡辺が「山本健一の本の出版を認めない」と言い出したのだ。

私は呆気《あっけ》に取られた。渡辺は取材に応えてくれたうちの一人にすぎない。証言の重要度、緻密度という点では山健の未亡人・山本秀子、二代目山健組の本部長・松下正夫など、渡辺以上の語り手が何人もいた。渡辺はなるほど山健組の後継者だが、私の本は一般読者が対象であって、何も山口組や山健組、渡辺などのために出す本ではない。

出版をやめろと言い出す権利など、最初から渡辺にはないのだ。私は昔から向こう意気が強い方である。

渡辺の許可など要らないと出版を強行しようとしたが、徳間書店の担当編集者は大人だった。当時、四代目山口組の若頭補佐で、強力に渡辺の五代目取りを後押ししていた宅見勝に間に入ってもらおうと言った。

私と編集者はもちろん宅見には何度も会っている。私は編集者の言葉をもっともと思い、彼が宅見に電話をした。宅見は用件をあらかた聞くと、事もなげに「わかった」と言い、私と編集者は一緒に大阪に出かけた。

大阪・中津の目立たないホテル内の和食店で宅見、渡辺に会った。何かの会合の後だったらしく、部屋には岸本才三（前出）や前田和男なども詰めていた。雑然とした空気の中で私はその場に座りながら、渡辺に「この度はどうも」と小声で言い、軽く頭を下げた。彼も軽く頷いた。

これで解決したらしい。渡辺からはその席で詫びも釈明も求められなかったし、以後の行動について、何か約束させられたわけでもない。

宅見がちょっと口をきいただけで、渡辺は出版を取りやめろという要求を簡単に引っ込めた。だったら、最初から理不尽なことは言い出さないことだ、いい大人がみっともない、と私は感じた。

というわけで、私は終始一貫、渡辺の判断力や人間性を積極的に評価できなかった。ことによると、彼は最初から五代目に就いてはならない人間だったかもしれない。

だが、渡辺の世評は高かった。彼の親分の山本健一は田岡一雄が死に、いよいよ山健が四代目組長に就こうかという寸前、ほとんど獄死同然に肝臓病で死んだ。悲劇の若頭と映じて、山健組の若頭である渡辺が五代目に就くのは当然という見方が世間やメディアには有力だった。

加えて渡辺のいかにもヤクザらしい野蛮な顔と、いかつい体つき。渡辺はある面フォトジェニックで、写真誌にふさわしい被写体だった。宅見にしても、渡辺は立てて損がない五代目候補だったのだ。

渡辺が終始、他候補に比べ優位だったのは率いる山健組の組員数の多さだった。当時、山健組だけで約七〇〇〇人の組員がいるとされていた。渡辺には、なぜ組員数を増やさなければならないか、確固とした考えがあった。

〈昔、うちの先代（初代山健組組長・山本健一）は自分から人を増やすことせん方でしてん。俺が反対に増やすことした方でんね。うちの先代は（組の増員を）受け付けなかったね。

そやけどたとえば抗争や。先代の考えは抗争に行く者がおったらええ、と。俺の考えはちょっとちがいますねん。組に若い者が一〇人おったとして、一人懲役行かすと。九人から毎月一万円ずつ（懲役に行った者に）やったとして、月九万円しかあらへん。百人おって一人懲役に行かすと。百人おったら、毎月一万円ずつ渡すところを千円にしてもそれ以上のカネになると。こういう考えを持ってるからね。経済的にも楽できる、組織力も温存できる、と。

懲役行かす奴は一人やったら、一人でええわけだ。その後を守って金銭的に応援してやるんでも、千人がおって千円つくるのと、百人おって千円つくるのと、どっちが先に倒れるか。やっぱり経済的に百人の方が先に倒れるわ。そやからその率からいうて、やっぱり組織力は大きなもの持たんとあかん。喧嘩やるためにはようけ（若い者が）必要ないんやけどね、あとの経済力は確固たるものをつくって、長い月日をおいていかないかんわけやから。（懲役に行った組員が）出てくるまで支えねばあかんわけやからね。

小さな組やったら、たとえ喧嘩に勝ったところで懲役に行く者のせいで簡単に倒れますわ。うち（山健組）は毎月千五百万円ぐらい経費を使えるからね。それとは別に、その半分ぐらい（つまり七五〇万円）を俺が出してるからね。山健組はつき合いが多いからね。数も多い。うちあたり放免（祝い）いうても他団体に頼らず、うちだけで千人やそこらの数は近畿圏を集めただけで、すーっと来るからね〉

（拙著『渡辺芳則組長が語った「山口組経営学」』竹書房刊）

組員数を兵力と考えるなら、たしかに渡辺の山健組はずば抜けた兵力を持っていた。盛期の組員数で比較するなら、山健組七〇〇〇人、二位の弘道会は四〇〇〇人とされていた。

しかし、山口組の組長になると、本家に属する直参全員の親分になる趣旨から、それまで自分が率いていた組を次代の組長に委《ゆだ》ね、自らは組を離れなければならない。山口組の組長になると、渡辺は頼りになる山健組から形の上で切れるのだ。

山口組の執行部とは、若頭と数人の若頭補佐、（総）本部長、副本部長あたりから成る。ふつうは顧問や舎弟頭、舎弟頭補佐などは含まない。

五代目山口組の発足時の若頭補佐は五人だった。

英《はなぶさ》五郎（大阪・英組組長）、倉本広文（奈良・倉本組組長）、前田和男（大阪・黒誠会会長）、司忍（愛知・弘道会会長）、瀧澤孝（静岡・國領屋下垂一家総長）の五人である。

三代目・田岡一雄の時代、若頭補佐は組長がその半数を、若頭が残りの半数を選ぶ習慣があった。若頭補佐が五人なら、組長は、数いる直系若衆の中から自分の力になってくれそうな者二、三人を選ぶ権限を持つ。

しかし、五代目スタート時の若頭補佐には渡辺派と目される者は一人もいない。宅見組から直参に上がった倉本広文はもちろん若頭の宅見派だし、黒誠会・前田和男も宅見派と見られる。それ以外は中立派で、むしろ活動地域にウェイトを置いて選任されていた。

つまり五代目スタート時、組長・渡辺芳則には執行部で味方となってくれそうな若頭補佐は誰一人いなかった。

渡辺は組長に就任一年後の一九九〇年七月、三代目山健組組長を襲名した桑田兼吉と、渡辺が仕切っていた時代の二代目山健組で舎弟頭補佐だった中野太郎を、ようやく若頭補佐に迎え入れることができた。

しかし、渡辺が大いにアテにした桑田兼吉はほどなく宅見派に転じ、執行部で渡辺の味方は中野太郎だけという状況が続いた。

この辺りにも宅見が渡辺に物を言わせず、自分が山口組を思うがままに動かそうとした構図が透けて見えよう。

当時の宅見の思惑を言えば、ロボットの渡辺には兵力も味方も要らない。そのかわりふんだんにカネが流入するシステム作りをしてやる。それで文句はなかろう、というものだったはずだ。つまり五代目山口組のカネのシステムは宅見と渡辺の合作だったと見ていい。

しかし、神輿である渡辺にはロボットの自覚がなく、意気軒昂《けんこう》だった。五代目に就く前、筆者のインタビューに渡辺はこう語っていた。

〈そやけど、俺を信頼してきた人間に対して、俺が勝手に我欲だけ出して「俺は（五代目を）やらん、何某になってもらえ」とかいうたら、推薦してくれた人間に対する裏切り行為になってまうからね。「なんでや、俺らがこれだけ（若）頭《かしら》を頼っとるのに、頭自身、そんな考えでおったんかい」と。それで、これはあかんな、と。やっぱり俺は皆んなが思っとることをせなあかんのかな、という気持ちがあるだけでね。

そりゃ、今やったら俺は楽ですよ。山口組の若頭もしてなくて、（組内の）何番手かにおって、じっとしとったら、遊び放題やし、喧嘩したからいうて、別に人に（応援を）お願いせなあかんような組織でもないしね。ちょっと銭儲けでもしてやろか思うたら、出来んこともないしね。……今の状況じゃ、ヤクザ者は肩書きが上るほど金儲けから離れていかなあきまへんね。山口組でも、たとえば跡目となったら、絶対金儲けに関与したらあかんと思いますね。また金も必要ないわね。（他団体との）つき合い（交際費）いうたって組織でやる（出す）わけやから〉

（拙著『五代目山口組―山口組ドキュメント』）

バブルと拝金主義

渡辺の語調からは組長になる自信は窺えても、組長になって山口組をどうしたいのか、彼が持っていなければならない経綸や施政方針の類は窺えない。渡辺は遊び（ゴルフ）とカネ儲け以外には抱負を持っていなかった、というのが実態だったろう。

渡辺芳則はこのとき、五代目組長になったら、カネ儲けから離れなければならないと言ったが、その実、それまで以上にカネ儲けに熱を入れた。たしかに真っ当なシノギからは遠ざかったが、周りが組長としての渡辺に運んでくるカネに対しては貪欲だった。

五代目山口組は発足後、「直参」といわれる直系組長（当時は一〇〇人前後、若衆と舎弟に二大別される）が毎月拠出する会費を大幅に値上げした。

四代目・竹中正久の時代は田岡死後の組長空白期に比べ、さほど会費額に差はなかった。だが、五代目山口組では直系若衆が月額八五万円（一時六五万円に減額されたが、また元に復する）、舎弟が一〇五万円をそれぞれ納入することになった。それまでに比べ、目の玉が飛び出るほどの巨額である。

山口組本部はこれにより月の集金額を約一億円の大台に乗せた。

警察庁の調査では一九九〇年四月から九一年三月までの一年間に山口組は一一〇人の直系組長から年額計一七億七三一六万円を集めていたとされる。

今の金銭感覚に照らしてもたしかに巨額だが、当時はバブル経済の盛期であり、他の広域団体も山口組並みか、それ以上に高額を集めていた。

稲川会本部は各クラスの幹部一九三〇人から月間四億円を集金していた。住吉会本部は幹部二五五〇人から月間一億三〇〇〇万円を集金。稲川会、住吉会ではカネの出し手が山口組に比べ約二〇倍も多く、その分、一人当たりの出金額は少なくなるが、それにしても、これら二団体の総組員数は山口組より少ない。組員一人当たりの体感的な負担感はかなり厳しいものがあったにちがいない。

月会費制は山口組の下部団体でも採用された。すなわち月に八五万円を総本部に納金する直系若衆は自分が率いる組（二次団体という）の組員から一人当たり月二〇万円から五〇万円ほどを集める。その組員がまた自分の組（三次団体）を率いているなら、やはりその組員から一人当たり毎月五万円から二〇万円ぐらいを集金する。バブル経済は否応なく末端組織まで浸透する仕組みだった。

これらの会費は組本部事務所の運営や他団体との慶弔交際費、通信、印刷費などに使われたが、何より組長に渡され、その自由裁量に任された。組長は無税で集めた巨額を税務申告することなく、好き勝手に使える仕掛けである。

このころからヤクザが地上げや株を手掛けることで巨富を握れる夢が現実化しそうな雰囲気が出ていた。当然、関西圏より東京圏の方がバブル化が早く強く出て、山口組は会費の高額化を関東圏の広域団体から学んだ可能性がある。宅見勝は稲川会二代目会長の石井進（当時。経済ヤクザとして著名）に憧れ、目標にした形跡がある。

山口組本部は九一年一二月、新たに六人の組員を直系組長に取り立てたが、このとき六人は直系組長に上がるに際して、一人当たり五〇〇〇万円のカネを必要とした。いくらバブル経済にうるおったとはいえ、五〇〇〇万円の即金払いはきつい。なぜ山口組は大金を必要としたのか。

一つに麻薬追放を名目にする「全国国土浄化同盟」の設立準備と、九二年施行の暴力団対策法に備えるため、山口組は九一年暮れから九二年初めにかけて、全国の直系組一一六団体から一律各二〇〇〇万円を集金した。

さらに九一年三月には、神戸市灘区篠原本町の山口組本家を本店所在地に、授権資本金八〇〇〇万円で株式会社「山輝」を設立した。発行済み株式は当初四〇〇株（一株五万円）にすぎなかったが、各直系組長は割り当てられ、株を引き受けさせられた。また八九年、五代目山口組の発足後、三代目組長・田岡一雄の旧宅を山口組本部とするため、各直系組長に一人当たり一〇〇〇万円を割り当て拠出させた。

つまり渡辺体制が発足して三年ほどの間に矢継ぎ早に直参たちから臨時徴収が繰り返された。新規直系組長に対しては、これらの臨時徴収をいちどきにかける。合計すれば、五〇〇〇万円ぐらいにはなったのだ。

だが、いかに山口組が全国区の暴力団とはいえ、地方の直系組長や昔ながらのシノギしかできない古参組長にとっては集金がきつすぎた。内部には不平不満があふれた。

「旧田岡邸を買うときには、各直系組長に若い者二〇人の名を書き出させ、その一人ひとりから五〇万円ずつ集金する形を取ったわけです。ところが全国国土浄化同盟と暴力団対策法名義の二〇〇〇万円は、直接、直系組長に集金指令が来ました。おそらく若い衆に分担させるようなまだるっこしいやり方だと、秘密が保てんと危ぶんだわ

けでしょうけど、いくらなんでも、ちょっと乱暴すぎますわ」(当時の直系組長の一人)

あげく全国国土浄化同盟が神戸・元町駅の北側に用意したビルは事務所開きの直前、九二年一月になって、神戸地裁から使用禁止の仮処分決定が出された。

同じころ山口組本部は各直系組に暴力団対策法に備え、「できるだけ早く株式会社化せよ」との緊急通達をファックスで送った。これを守った直系組は後で取締役会の議事録偽造など、かえって警察の摘発を招く結果に終わった。

五代目山口組の施策はカネを集めて発足しても、竜頭蛇尾。最後はうやむやになって、集めた金は「使途不明」になることが多かった。

同年六月、山口組は稲川会、住吉会と一緒に暴力団対策法に基づく「指定暴力団」として官報に公示されたが、山口組は兵庫県公安委員会を相手取り、指定の取り消しなどを求める行政訴訟を神戸地裁に起こした(が、九五年一月、阪神・淡路大震災の発生で訴訟を取り下げた)。

震災の発生では前年の九四年、総本部長の岸本才三が旧田岡邸内に井戸を掘ることを思いついた。その井戸水は水道の断水で近隣にも役立ったが、またしても渡辺は直系組長約一二〇人から臨時に各二〇〇万円ずつを拠出させ、計二億円をもって被災者の救援に当たった。

渡辺は自分の懐をいっさい痛めることなく、救援という善行を施す姿をメディアに報じさせることに成功した。

ちなみに渡辺が五代目に就いた翌年（九〇年六月二八日）、「山波抗争」が発生した（同年一二月まで）。

いったんは独立系の波谷組の組員になると約束した男がそれを反故《ほご》にし、弘道会系西岡組組長の舎弟になったため、波谷組側が怒り出し、男を福岡市西区の駐車場で襲い、六発の銃弾を撃ち込んだ。男は自力で自宅にたどり着き、玄関口に倒れ込んだが、五〇分後に出血多量で死んだ。

この事件が抗争の発端になった。以後、山口組側は波谷組系列に集中攻撃を加えた。

次の日には大阪市住之江区のNTT職員が自宅玄関先で誤射され、死亡する人違い殺人が起きた。が、山口組側は一般人の誤殺で世論の非難を浴びても、手加減しなかった。

六月三〇日には大阪市北区さざなみプラザの路上で山口組系倉本組の組員が波谷組

系平澤組の幹部に銃弾四発を浴びせた。幹部は防弾チョッキを着ていたため無事だったが、七月になってから、倉本組の組員が平澤組幹部を銃撃したとして、警察に出頭し、逮捕された。

これにより若き日の織田絆誠も「自分が指示しました」と警察に自首、逮捕され、懲役一二年の判決を受けるわけだ。

五代目山口組で発生した最大の殺傷事件といえば、九七年八月に発生した宅見勝若頭射殺事件だろうが、これには相応のいきさつがあり、前提となる事件もあった。九六年七月、京都・八幡市の理髪店で五代目山口組の若頭補佐の一人、中野会会長・中野太郎が会津小鉄会系の組員六〜七人に襲撃された。が、中野のボディガード役の組員・髙山博武がその場で応戦し、逆に会津小鉄会系の組員二人を射殺、中野は無事だった。

宅見によるクーデター計画

中野太郎について、若干説明しておこう。

中野はもともと山本健一の舎弟で、神戸市の西外れ、須磨に事務所があった。が、須磨にはたいしたシノギがなく、渡辺芳則が山健組の下で率いる健竜会の相談役をしていた。中野は渡辺より組歴が古く、位も上だったが、健竜会では渡辺の面倒を見、かつ現・四代目山健組組長の井上邦雄も育てた。井上の出身地は大分で、中野と同郷だった。

井上は前記した通り、健竜会の理事長補佐だったとき、大阪戦争に参加し、和歌山の松田組系西口組組員二人を射殺する事件を指揮、七八年、懲役一七年の判決を受けた。

大阪戦争での健竜会の「功績」といえば、この事件があるだけで、西口組襲撃事件こそ渡辺を二代目山健組組長に押し立て、ひいては渡辺を山口組若頭、五代目山口組組長に引き上げる前提となった事件である。

この意味で渡辺が中野太郎と井上邦雄の「功績」を多として、中野を頼りにし、井上の出所を首を長くして待ったことは理解できる。

まず中野を山健組から抜擢して中野会を結成させ、直参に引き上げた。そればかりか、前記の通り五代目山口組若頭補佐の一人に引き上げた。

井上に対しては出所後の二〇〇〇年、井上を四代目健竜会会長に据えた。〇五年には四代目山健組組長を襲名させ、山口組の直参に引き上げている。

中野はその後、須磨の北側にある板宿に事務所を移したが、ここもシノギの面ではぱっとせず、仕方なく京都・八幡市に住まいを移した。京都では地元の勢力、会津小鉄会と激しくぶつかった。

会津小鉄会若頭・図越利次は宅見襲撃事件前年の九六年二月、共政会（広島）会長・沖本勲、当時の三代目山健組組長・桑田兼吉と、五分の兄弟盃を交わしていた。つまり山口組にとって、京都で会津小鉄会はいわば「親戚」に準じる交遊団体であり、双方とも衝突を避けねばならなかったが、中野太郎は土足で踏み込むようにして京都で利権をあさった。会津小鉄会にすれば中野に含むところは十分あったのだ。

理髪店での襲撃に失敗した後、会津小鉄会若頭・図越利次はその日のうちに山口組本部を訪ね、指を詰め、詫びを入れた。会津小鉄会は組員二人を殺されたとはいえ、もともとより攻撃を仕掛けた側が悪い。応対した若頭・宅見勝に頭を下げたのは当然だが、このとき会津小鉄会は三億円の和解金を差し出したと伝えられる。

宅見は当事者の中野太郎をその場に呼ぶことなく和解話を進め、かつ中野太郎には三億円の一部たりとも渡さなかったという。

あえて深読みすれば、この「三億円」が、宅見が中野殺しを会津小鉄会に依頼した「殺し料」だった可能性がある。殺しに失敗したため、会津小鉄会は宅見に返金した。そう考えるなら、宅見が中野を和解の場に呼ばなかったこと、「三億円」のうち一円たりとも中野に渡さなかったことなどがすんなり理解できる。

こうした理髪店襲撃事件と会津小鉄会との和解話が中野太郎をして、宅見に敵意を抱かせる最大の理由になった。

筆者は〇七年八月、大阪の病院で療養中だった中野太郎にインタビューしたことがある。

中野は〇三年一月脳梗塞で倒れ、〇五年八月には中野会を解散し、殺人教唆以外には、自分の発言が関係者にどう影響するか、さほど顧慮しなくていい立場にいた。

筆者は、宅見若頭射殺事件に入る前のこととして、宅見若頭とは一緒にやっていけないような因縁があったのか、と聞いた。

〈「前年（九六年）ごろ、こういうことがあったんですわ。宅見が私に会いたいって言うてきたんです。で、会うと『カネあるでえ。あって邪魔なもんやなし、要るんなら回すでえ』って。わしは『ふ〜ん』言うて、話に乗らなかったんですわ。

そしたら『カネが要るなら、いつでも言うてくれたら、すぐ現金で、本部からトラックで運ぶからよ』って。結局、カネを出してでも、わしを仲間にしたかったんやな。親分（渡辺芳則組長）を放り出して新体制をつくる考えをもっていたわけや」

――それは渡辺組長に対するクーデター計画だったわけか。

「そうや。宅見はわしを仲間に入れたかった。わしは言うたわけや。『どっちにしても親分についていく立場なんやから、オレにそんな話言わんといてくれ』って。

最後に、わし言うたわ。

『悪いけどオレ断るわ。その話（クーデター計画）、オレに言わんかったことにしてくれ』って。そしたら宅見はプイッと立って、山口組本部の五代目がおるとこ、奥の院っていうんです。一番奥にあるからね。『中野、中野、オレちょっと奥の院行ったら、あの野郎蹴っぺ返してくるから、あんたはなんやかんや言わんといてや』って」

――つまり宅見若頭が渡辺組長を蹴っ飛ばすという意味か。事実とすれば驚く。

「いやあ、それを私に言うんです。『オレ、蹴飛ばすからな』って。『アンタの好きなようにしたらエエやん』って言うたら『ほんまあ？』言うたわ。したいんやったら一人でやったらええ。それ以上オレに言わんといてくれやって、わし言いましたわ」

——宅見若頭の話を断ったから、京都の理髪店での事件が起きるのか。

「ホンマの話です。（クーデターの誘いを）断ったら、散髪屋の事件が起きた。私もバカじゃないから、だいたいわかるわね。昨日今日の問題でもなかったから。『あんちきしょう、やってきやがったな』って。やられたらやり返すのがヤクザの常套《じょうとう》手段やから。わしはせないかんねん」

——その上、宅見若頭が中野会長に何の断りもなく、会津小鉄と手打ちしたわけか。

「あのね。手打ちのおカネがどっかへ消えてしもうたんですわ。四億か五億あったと聞いてます。わしには一円もなしですわ」

——そんなこんなで宅見射殺事件を起こすわけか。中野会の若い人たちが自分たちの考えでやった、と。

「まあ、そうなります。建て前はね」〉

（拙著『六代目山口組ドキュメント　2005～2007』講談社＋α文庫）


中野太郎は山口組の執行部に入ってすぐ、宅見若頭が山口組を牛耳《ぎゅうじ》っていることを見て取り、宅見がのさばっていることは渡辺五代目のためにならないと考えたにちがいない。

宅見は担ぎやすい神輿として渡辺を立てたが、渡辺にも判断力はある。また渡辺が山口組の当代になった以上、渡辺の周りには取り巻きの直参もスポンサーになる企業の社長連中も集まる。彼らはそれぞれ渡辺に要る知恵や要らない知恵を吹き込む。

宅見は渡辺のこうした変化を見過ごし、かつ若頭という現在の位置に居心地のよさを感じて永続を願う。彼は肝硬変が悪化し、余命いくばくもないと医者に告げられた後、渡辺に「いつまで若頭をやってられるか」と弱音を吐いたこともあったようだ。

それを聞いた渡辺とすれば、一刻も早く宅見が辞め、思い通りの運営をしたい。だが、宅見は五年が過ぎても若頭を辞めようとしなかった。

自然、両者の関係は険悪になり、宅見もまた渡辺が引退することを望むようになる。

当時、山口組首脳部の何人かと交際があり、直接、彼らの話を聞いた事業家が言う。

「渡辺は組長になるとカネを取りまくり、直参がカネを持ってくるのを奨励した。運ぶカネ次第で可愛がったり、遠ざけたり、やることは露骨だった。これに対し、直参連中は『渡辺のやり方は辛抱しきれん』と渡辺離れが始まるわけだ」

この事業家は、宅見たちが五代目体制のスタートから七年後、一九九六年ごろから渡辺を組長の座から引きずり下ろすクーデター計画を練り始めたと言う。

「クーデターを言い出したのは宅見で、それに乗ったのは桑田兼吉、古川雅章（古川組組長）、司忍の三人だった（三人とも当時は五代目山口組の若頭補佐）。岸本才三は半身の構えだったから、宅見からすべての計画を打ち明けられてはいなかった。当初、宅見はこの計画に乗るよう中野太郎にも声をかけた。だが、中野は『この話は聞かなかったことにしてくれ』と宅見の誘いを事実上断った。宅見はこれにより中野太郎をこのまま放置しては渡辺にチクられる、危険だと考えた」

若頭暗殺事件の深層

よって理髪店での中野太郎襲撃事件が起きる。意外なのは桑田兼吉も宅見のクーデター計画に参加したという言葉である。桑田は渡辺が創設した健竜会の二代目会長であり、渡辺の後、山健組の三代目組長に就任している。

渡辺の子飼いと言っていいはずだが、山口組では厳禁のシャブ中（覚醒剤依存症）であることを宅見に摑まれた上、宅見から多額の金を融通されていた。桑田は宅見に首根っこを摑まれ、宅見の陣営に搦《から》め捕られていたと見られる。

山口組執行部の中で渡辺を護持するのは中野太郎ただ一人であり、中野としては渡辺に忠誠を尽くすのは自分だけ、渡辺の敵は叩き斬ると決めていたはずである。

五代目・渡辺のカネ儲け主義を物語るものとして有名なのは、新神戸駅近くのブティック「トワイライト」の存在だろう。渡辺の夫人が経営する店で、一階が女物、二階が男物という構成だったが、実態は「山口組御用達《ごようたし》」の店だった。

「渡辺夫人が客の名前を帳面につけて、いちいち渡辺さんに報告するいうんですわ。それで直参の中には渡辺さんにお上手したいものもおるやんか。店に車を乗り付けて、一遍に三〇〇万、四〇〇万の買い物をするバカも出るわけやね。そのくせ陰では、よそなら五万円で買えるブルゾンが、あそこでは一〇万円だとか、高い、高いて文句言うとる」（当時の山口組関係者）

この店には一時期、現・神戸山口組組長・井上邦雄の息子も店員として勤めていた。

五代目・渡辺芳則のやり方は露骨だった。たとえば当時の若頭補佐の一人、芳菱会総長・瀧澤孝はもともと九代目國領屋下垂一家の総長だったが、カネ貸しで稼いだカネを渡辺に運び、渡辺の命名による組織名「芳菱会」をもらった。言うまでもなく「芳」は渡辺の名である「芳則」から、「菱」は山口の代紋、「山菱」に由来する。

さらに六代目山口組の若頭補佐、高木康男は二〇〇二年、山口組直系美尾《みお》組の組長・美尾尚利の引退に伴い、美尾組を継承した。高木は直参になると、ヤミ金でしこたま儲けたカネを渡辺のもとに運び、渡辺から「五菱会」という組織名を許された。五菱会の「五」は五代目から、菱は代紋の菱である。しかも高木は渡辺が引退した後、病死したのに伴い、〇七年、五菱会の名を、清水次郎長に発する清水一家に再び改める。

こうした組織名の名付けで多額の謝礼金が渡辺に渡ったことは容易に想像できよう。

渡辺は社長連中を転がすことにも巧みだった。一時「食肉の帝王」といわれたハンナングループの浅田満とは、浅田が渡辺を「ナベちゃん」と呼ぶほどに親しかった。渡辺は「うちの裏の土地が売りに出てるんや。ちょっと買うといてくれへんか」と気軽に浅田に電話したという。浅田もフットワークよく山健組事務所や渡辺の自宅があった宇治川（神戸・北長狭通《きたながさどおり》）周辺の土地を代理で取得した。浅田は渡辺夫人とハンナングループ企業との間の一億三六〇〇万円余のマンション二室の売買、渡辺の養女名義で積み立てた浅田による一億七二〇〇万円もの定期預金、また渡辺夫人は一時期ハンナングループとされる企業の取締役に名前を連ねるなど、渡辺の家族ぐるみで交際していた（詳しくは拙著『食肉の帝王―同和と暴力で巨富を摑んだ男』＝講談社＋α文庫を参照されたい）。

中野太郎は若頭・宅見勝を除かないかぎり、五代目山口組組長・渡辺芳則と自分の安泰、安全はないと思い定め、襲撃班を組織して宅見を殺そうとつけ狙う。

一九九七年八月二八日、宅見は新神戸オリエンタルホテルで岸本才三（五代目山口組総本部長）、野上哲男（同副本部長）と談笑中、中野会の襲撃班である四人組の男たちに銃撃され、絶命した。現場に居合わせ、頭部を撃たれた芦屋市の歯科医も数日後に死亡した。

八月三一日、兵庫県警が犯人グループを特定していない中で、山口組執行部は中野会会長・中野太郎を破門処分にし、三日後、処分をより重い絶縁に変えた。絶縁は組からの永久追放を意味する。中野が山口組に戻ることは永久にあり得なくなった。

当初、渡辺はより軽い処分の謹慎や破門を主張したが、現場に居合わせた岸本才三や野上哲男の「中野会の者にちがいない」という目撃情報に押し切られ、かつ一般人が巻き添え死したことから、絶縁処分をむりやり呑まされることになった。渡辺は中野の犯行としても、渡辺への忠誠心からやったことと理解していた。

だが、執行部としては、中野太郎は宅見勝という仲間殺しの大罪人であり、未来永劫、許すことはあり得なかった。

織田絆誠は徳島刑務所にいて、宅見射殺事件を知った。前に記した通り、倉本組の服役囚に連絡し、刑務所内で中野会の服役囚を一斉攻撃することを計画して露見し、旭川刑務所に移送されるわけだ。

事件発生当初から宅見襲撃事件は渡辺の事前了承の下に行われたと観測された。事実、中野太郎の山口組復帰説は渡辺が引退する直前まで、八年間近くも囁かれ続けた。

渡辺も中野を諦め切れなかったのだろう、中野復帰説がいつまでも霧消しなかったため、山口組は宅見の死後、次の若頭を長い間決められなかった。

渡辺と執行部との軋轢《あつれき》はしこり、五代目山口組の運営は渡辺がクーデターで引退するまで無策、無能を続けることになった。

結局、宅見襲撃事件により、渡辺は宅見勝、中野太郎という二人の有能すぎる大幹部を同時期に失ったことになる。

中野太郎に対する渡辺芳則の歯切れの悪さは味方身びいきの最たるものだろう。総じて山健組や中野会には「当代を出した組」との自負があり、しかも山健組は山口組で最多の組員数を誇ることから、山口組系の他の組に対しても横車を押し通した。

山口組系で中西組（大阪）といえば、古参の組として知られている。初代組長の中西一男は渡辺と五代目組長の座を争ったほどで、だからこそ中西一男は五代目体制発足後、「最高顧問」として特別待遇を与えられていた。

こういう中西組が組員を破門処分にした。ところがこの組員はかねて話を通じていたものか、中野会に鞍替えした。

山口組に限らずヤクザ組織では、ある組で処分した組員をよその組が拾うことを禁止している。ふつう暴力団が他団体に向けて出す破門や絶縁の処分状に、「この者との縁組み、商談、交遊、拾い上げ等はいっさいなきようお願いします」などと記される通りである。

だから当然、中西組は破門した組員と、それを拾った中野会に腹を立てた。中西組は組員の家に押し掛け、たまたま本人が留守だったことから、組員の奥さんを外に連れ出した。「さらった」わけである。さらったものの、彼女には何も乱暴を加えていなかったのだが、これをいい理由にして、今度は中野会が中西組に逆《さか》ネジを食わせた。

「理由はどうでもええ。あんたの方の取った対抗手段が悪い、カネ出せ言うわけですわ。とどのつまり、中西組の方が中野会に一五〇〇万円払ってご勘弁願った始末や。どっちが悪い言うたら、最初に組員を拾った中野会が悪いに決まっている。ところが今、山口組で事を決めるんはヤクザの筋やなく、力なんやね。中西組は武闘派と違うて弱いさかい、同じ山口組の中で弱肉強食やられてるわけですわ。

私ら、こういう話聞くだけでも、はらわたが煮えくり返ります」（神戸の山口組系元幹部）

中西組がこうした一件を執行部に持ち出しても、おそらく組長・渡辺芳則は中野会に有利に裁定したはずである。自分の陣営が可愛いというのはヤクザの本性といっていい。

渡辺芳則の山口組運営は宅見亡き後、ほとんど機能しなくなっていたが、それでも激しい味方身びいきとカネ集めは続けられていた。渡辺ではダメだという声は司の弘道会ばかりか、執行部でも多数派だった。渡辺が死ぬまで代目代わりを待つことはできない。これは無理にでも辞めてもらおうという組内世論は弘道会・司忍を鋭い先端として、渡辺に突き刺さることになる。

第四章　検証　六代目山口組　クーデターの果てに訪れた弘道会専横支配

「使用者責任」の衝撃

この章では、六代目山口組組長・司忍の山口組運営がどのようなものだったか、そのカネ集めと依怙ひいきがどのようなものだったか、見ていくことにする。

筆者は拙著『六代目山口組ドキュメント　2005〜2007』（講談社＋α文庫）の冒頭をおおよそ次のように始めた。司が六代目組長に就任する直前からの話である。

〈〇四年一一月二九日、山口組は緊急直系組長会を開いた。席上、岸本才三総本部長は、渡辺芳則五代目組長は今後、組の運営にはいっさいタッチしない、今後は執行部の合議制で組を運営していく、と発表した。

渡辺五代目が長期静養に入ることの理由には、一一月一二日に下された最高裁の判決が挙げられた。岸本総本部長は居並ぶ直系組長たちを前に、おおよそ次のように語ったとされる。

「今後、民法上の『使用者責任』が親分（渡辺芳則）に降りかかってくるのは必至である。親分は一五年以上の長きにわたって山口組の運営に腐心し、組のために尽くして来られた。お疲れも相当たまっている。執行部が執行部の責任のもと、合議制で組運営を行っていくと決めたのはすべて親分を守るためである」

最高裁は判決の中で、渡辺五代目の「使用者責任」と抗争の「事業性」を認め、渡辺五代目の上告を棄却して犠牲者遺族への賠償を命じた〉

裁判となった事件は一九九五年八月に発生した。京都・下鴨署の藤武巡査部長が直前に起きた発砲事件の聞き込みで京都市左京区の会津小鉄会系の組事務所に立ち寄り、用が済んで事務所を出たところ、山口組系の三次団体、山下組の組員ら二人が待ち伏せていた。彼ら二人は巡査部長を会津小鉄会系の組員と間違え、銃弾を浴びせて射殺した。

組員ら二人は殺人とその幇助《ほうじょ》でそれぞれ懲役一八年と七年の刑を受け、服役した。後に残された巡査部長の遺族は実行犯の二人と、山下組組長・山下薫、それに山口組組長・渡辺芳則の四人を相手取り、合計一億六四〇〇万円の損害賠償を求める訴えを京都地裁に起こした。

一審の京都地裁判決は五代目・渡辺については使用者責任を認めなかった。二審の大阪高裁判決は五代目・渡辺が実行犯の組員を指揮監督できる使用者の立場にあった、発砲行為は組織の維持拡大に直接関わる行為で、渡辺の事業と密接に関連しているとして、渡辺にも賠償を命じた。

渡辺は上告したが、最高裁判決は二審を全面的に追認し、渡辺の使用者責任と発砲行為の事業性を認め、賠償責任があるとした。

渡辺はこれで完全に敗れたわけだが、しかし、この最高裁判決が渡辺に「実質的な引退」を決意させるほどの迫力を持っていたかどうかは疑わしい。

というのは、六代目山口組の発足初期、直系組長が引退すれば一億円の慰労金が支払われた。当時、彼らの金銭感覚は並の直系組長でさえ、一般よりはるかに高額だった。まして五代目・渡辺は組長の座にあった一六年間で数百億円のカネを貯えたとされる。

貯えに比べれば、一億六四〇〇万円は何ほどの額でもなかったはずだし、さらに渡辺に賠償責任があったとしても、刑事ではなく民事であり、刑務所に収監されるわけではない。しょせんカネで済む話なのだ。

しかもそのカネも渡辺が自分の懐を痛めるわけではなく、おおよそ一〇〇人前後の直系組長たちから集金して納付するに過ぎない。

だが、とにかく渡辺はこの時点で山口組の運営権を手放すことを認めた。山口組の執行部は、渡辺に最高裁判決の破壊力と影響の大きさを大仰に言い立て、脅し、すかしの説得を行ったはずである。

五代目山口組は九七年八月発生の宅見若頭射殺事件以降は何ごともなし得ず、若頭や若頭補佐人事も決められず、ベタ凪《なぎ》の海を陽にあぶられて漂う漂流船だった。渡辺ではダメだ、次の組長や若頭をともかく決めて、動きを見せてほしいと山口組に属する大多数が望んでいた。

二〇〇四年一一月のこの直系組長会が六代目・司忍実現に向けた工作の第一歩となった。

司はまだこの時点では直系組の一つ、名古屋の弘道会会長であり、山口組の若頭補佐の一人に過ぎなかった。

彼は年が明けた〇五年初めから六代目取りへの体制作りに入る。

まず彼自身は、弘道会に新設した「総裁」に上がり、名目上、弘田組（司の親分だった弘田武志が率いた組を再興した）の組長になった。もちろん組員など存在しない。しかる後、弘道会の若頭だった髙山清司を二代目弘道会会長に据えた。司と髙山はそれまでの弘道会で稼働していた司―髙山ラインをそのまま山口組に持ち込めるよう、分身の術を使ったのだ。

〇五年四月五日、山口組の定例会で、二代目弘道会会長に昇格したばかりの、それまでの初代弘道会若頭・髙山清司を山口組直系組長の一人に抜擢した。このとき司は直系組長のままで、山口組の若頭補佐の一人だった。

もちろん一つの組からは一人の直系組長しか本家に所属できない。それが山口組が長らく守ってきたルールだった。ところが司と髙山はそれを無視し、あえて二分身し、二人を出した。

執行部がこうした措置を例外的に許したのは、渡辺を退陣させ、新組長の政権を打ち立てるためには、たいていのことには目をつぶろうとの心境に駆り立てられていたからだろう。それほど多くの者が渡辺五代目にはウンザリしていた。

〈同時に三代目山健組からは橋本弘文組長代行と太田守正相談役の二人が直系組長に

上がった。当時、弘道会と山健組は山口組内の二大勢力とされ、弘道会四〇〇〇人、山健組七二〇〇人と唱えられていた。

三人の直系組長への昇格は、一見、二大勢力のバランスを考えたかのような人事と思えるが、実際には作用が逆だった。つまり弘道会は司―髙山ラインがそのまま山口組本部に乗り込めたのに対し、山健組は橋本と太田という三代目山健組内の有力勢力を抜擢するという名目下に、その幹部を「抜かれた」、つまり勢力を差し引かれたのだ。当然、司六代目の実現は五代目渡辺からの奪権運動でもあったから、五代目が拠って立つ山健組の勢力を削ることは司にとって、きわめて望ましい事態だった〉（同前書）

「司だけは若頭にしたくない」

当時、三代目山健組組長・桑田兼吉は銃刀法違反で有罪を宣せられた上、肝臓病を悪化させ、山口組の人事どころではなかったろう。だが、桑田もまた渡辺とハンメだったことは前章で触れた。彼はすでに故人となった若頭・宅見勝寄りの考えを持ち、五代目・渡辺を守る気持ちは毛頭なかった。

渡辺が山健組の中で心底頼みにしていたのは、当時まだ山健組の枝の組、健竜会の会長で山健組若頭だった井上邦雄（現・神戸山口組組長）だけだった。

渡辺とすれば、一刻も早く桑田兼吉を三代目山健組の組長から下ろし、井上邦雄を四代目山健組組長に据えて、山口組本家の直参に取り立てなければ、司側に対抗できない状況にあった。

しかし、井上邦雄を引き上げようにも天井がつかえていた。井上の上には極心連合会会長・橋本弘文など、彼より格が上の先輩が何人かいた。橋本は桑田兼吉が三代目山健組を率いて以来の山健組若頭であり、〇三年五月桑田が銃刀法違反で有罪が確定した後は、山健組の組長代行だった（このとき井上が橋本の跡を襲って若頭に上った）。桑田の後、誰が山健組を継ぐかとなれば、まっ先に名が挙がるのは橋本弘文であり、井上邦雄はかなり下位にいた。

だから渡辺―井上邦雄ラインにとっても、橋本弘文の山健組離脱＝直系組長への抜擢は、井上を次の四代目山健組組長に据えやすい状況ができることを意味して、歓迎すべきことだった。

このとき同様に直系組長に抜擢された太田興業組長・太田守正も同様である。太田は渡辺が創設した健竜会の副会長を長くつとめ、三代目山健組では三役の舎弟頭、のちに相談役に任じられていた。井上邦雄と同様に四代目山健組組長の座に近く、彼が直参に直ることは同じく山健組からの離脱を意味して、渡辺―井上ラインにとっては受け入れやすいことだった。

〇五年五月一〇日、山口組の定例会で総本部長・岸本才三が「執行部全員の賛同のもと司忍氏を推挙、若頭に決定した」と発表した。

このとき五代目・渡辺芳則の意向がどうだったかについては言及されなかったが、おそらく意見さえ求められなかったろう。

このときから八年も前に起きた宅見射殺事件以降、何度か若頭人事が取り沙汰されたが、その間、「司だけは若頭にしたくない」という渡辺の思いは広く知られていた。

当時の執行部は一〇人から成っていた。若頭に上る司忍を除けば、総本部長・岸本才三、副本部長・野上哲男、若頭補佐の五人（英五郎、瀧澤孝、桑田兼吉、古川雅章、後藤忠政）、舎弟頭補佐の三人（石田章六、大石誉夫、西脇和美）――計一〇人である。

六月六日に開かれた次の定例会で、司の陣営はさらに渡辺に追い討ちをかけた。新たに三人の若頭補佐を任命し、旧来の五人に加えたのだ。入江禎（二代目宅見組組長）、前月、直系若衆に取り立てたばかりの二代目弘道会会長・髙山清司、同じく極心連合会会長・橋本弘文の三人である。

そして七月二九日の臨時直系組長会で司忍の六代目組長就任と、五代目組長・渡辺芳則の引退が発表された。

執行部に近い筋によると、司六代目を決めた話し合いは、執行部側の一方的な攻勢で決着をみたとされる。

〈渡辺前組長は執行部側に「あんたは人気が悪すぎる。即刻辞めなはれ」と、面と向かっていわれたらしい。そばで聞いていた山健組系の有力組長が「親分に向かって、なんということを言うんや」と口を挟んだところ、執行部の一人に「直参（直系組長のこと）でもない者が余計なことを言うな。引っ込んでろ」と一喝された。側近はこれで口を閉ざした。渡辺前組長は「引退してもええ。そのかわり一年でも二年でもわしを総裁に就けてくれんか。じゃないと殺されてまう」と土下座せんばかりに頼んだそうです〉（当時の直系組長）

このコメントを筆者は当時、「月刊現代」に書いた記事（〇六年一月号、「六代目山口組・司忍　武闘派知将の素顔」）で採り上げた。

文中の「山健組系の有力組長」とは事情を知る者が読めば、井上邦雄のことと容易に推測できる。事実、山健組は「月刊現代」が出た直後、筆者にクレームをつけてきた。渡辺の引退はクーデターによるものではない、と言うのだ。筆者は反論した。クーデタ一的なものでないと言うなら、その場にいた者の証言なり、証拠なり、状況証拠なりがあるのか。なければ訂正は出さない、と答えた。

これで山健組は筆者に腹を立て、二〇〇六年一月、筆者の仕事とは何の関係もない都内で一人住まいの筆者の息子を、背後から刃物で刺した。

筆者はそれより一五年ほど前、一九九〇年六月に渡辺芳則について辛口批評した『五代目山口組―山口組ドキュメント』を刊行し、八月、新宿区の仕事場で山口組系組員とおぼしき者に左背中を刺された。

この事件で筆を折っては相手の思うツボになるだけと腹を決め、以後も変わらず渡辺批判、山口組批判を続けたのだが、山健組は筆者を襲っても効果がない、今回は倅《せがれ》をやろうと息子を標的にした（と、息子を刺した実行犯が供述している）。

実行犯は息子に体当たりして尻を刺したが、逃げるとき、神社の境内に携帯電話を落とした。これで山健組ぐるみの犯行とわかったため、山健組の下の方の組員何人かが逮捕された。

筆者は組長の「使用者責任」に則り、山健組組長・井上邦雄や健國会会長・山本國春などを相手取り、東京地裁に損害賠償請求訴訟を起こした（結果は裁判長の勧めで和解だが、実質勝訴。第六章でも触れる）。

当時でこそ五代目から六代目への移行はクーデター的に行われたという見方は少数派だったが、今では完全に多数説であり、ほぼ定説になっている。渡辺は自発的に引退したのではなく、司一派のため引退を強要されたのだ。このことは一〇年後の二〇一五年、井上邦雄が中心になり、六代目山口組から神戸山口組を分派させたことの遠因になる。山口組史の流れ自体が何よりクーデター説の正しさを裏づけたと言って過言ではない。

とはいえ、別説もある。六代目山口組の初期のころに引退させられた元直系組長は、後年、五代目時代の総本部長・岸本才三から聞かされたという話を筆者に披露した。

「（岸本さんは）五代目・渡辺芳則組長が引退して司忍組長が六代目に就いたときの秘話を明かしてくれた。

若頭（司忍）や若頭補佐連中から引退を迫られ、渡辺組長は体が弱っていたし、国税が動いているという情報にビビッてもいた。それで五代目は条件を出した。じゃ一〇億円を出せ、それと引き替えなら引退してもええ、と。それで司組長が五億、瀧澤（孝若頭補佐、その後顧問、芳菱会総長）が三億、後藤（忠政若頭補佐、その後舎弟、後藤組組長）が二億、この三人で計一〇億円を渡辺組長に渡して引退させた。しかし、これだと司組長は組長の椅子をカネで買ったことになる。それで岸本さんがいくらなんでもまずいと考え、本部から一〇億円を支出して、三人に一〇億円を返し、カネが噂になることを消したわけだ」

この話が事実かどうか、今のところ確認できない。しかし、この別説によっても、渡辺の五代目引退が彼の意に反する強制的なもの、クーデターに類するものだったことは疑いない。渡辺の総裁に就きたいという願いも拒否され、彼は山口組の総裁にも名誉総裁にも就くことなく、単に引退、市井《しせい》の人になった。

こうした六代目発足の経緯を見ても明らかな通り、「一組で二直系組長」のルール違反、わずか二ヵ月前に直参に上がったばかりの髙山清司を若頭補佐に（直後に若頭に）就けるなど、司—髙山体制は依怙ひいきというも愚か、弘道会だけを特別扱いする人事を強行した。

司幕府の樹立

司、髙山らは六代目誕生の前から、「弘道会支配」を貫徹したといえる。

二〇〇五年八月二七日、六代目山口組は山口組本部で「盃直し」と内輪だけの襲名式を挙行した。

若頭には弘道会会長の髙山清司を就け、若頭補佐には、芳菱会総長・瀧澤孝、極心連合会会長・橋本弘文、俠友会会長・寺岡修、二代目伊豆組組長・青山千尋、旭導会会長・鈴木一彦の五人が任じられた（その後山健組組長・井上邦雄、正木組組長・正木年男、池田組組長・池田孝志が追加任命された）。

筆頭の若頭補佐・瀧澤孝は、舎弟頭になった二代目吉川組組長・野上哲男と並んで司六代目を実現した功労者とされる。

山口組では組長と同一の出身団体なら、若頭に就かせない慣習がある。自民党が同一派閥から首相と幹事長を選ばないのと同じである。だが、司―髙山は同じ弘道会の出でありながら、組内トップとナンバーツーの座を弘道会で独占した。依怙ひいき人事の典型である。六代目山口組は発足当初から弘道会が専制支配すると宣言したに等しい。

〇五年九月、六代目・司は関東を地盤とする國粋《こくすい》会会長・工藤和義に舎弟盃を下ろした。工藤は岸本才三と並び、山口組の最高顧問に列せられたが、執行部会への出席はないとされた。実権を持たされず、単なる名誉職に位置づけられたのだ。

國粋会は東京、千葉、神奈川、長野など一都六県に構成員約四七〇人、準構成員約六〇〇人を擁する暴力団対策法指定の広域団体である。歴とした独立団体だったが、この舎弟盃により山口組の傘下に入り、二次団体に甘んじることになった。

首都圏の暴力団は親睦組織である「関東二十日会」を結成していたが、國粋会はこれをも脱退、山口組の関東における拠点となった。

が、盃からほぼ一年半後の〇七年二月、工藤は東京台東区の自宅で拳銃自殺した。一説に、司忍は工藤に大金を用立てていたという。カネの力で工藤を山口組の傘下に引き入れたのだが、当の司忍は〇五年一一月、上告が棄却され、銃刀法違反で懲役六年の実刑判決が確定し、同年一二月に大阪拘置所に収監、翌〇六年、東京・府中刑務所で服役した。

山口組の留守を守ったのは若頭・髙山清司だったが、髙山は工藤に司忍が貸した金の返済を執拗に求めて、ついに自殺に追い込んだとされる。

ヤクザにおいても借金苦の果ての自殺は現実からの逃避にちがいないが、実は自殺を借金返済の方法にすることがしばしば見られる。つまり貸し手は借り手の死後、借り手の組や家に盛大な葬儀を営ませ、集まった香典を持ち帰ることで実質的に借金を返させる。

だからこそヤクザは慶弔交際を「義理ごと」と呼び、自分のための積立金と考える。出したカネはいずれ自分の番になれば戻ってくる、と考えるのだ。

集まった香典をさらうことでの借金取り立ては「義理ごと」の悪用だろうが、ほとんどのヤクザはカネと命を引き替えるような血腥《なまぐさ》い金銭感覚を持っている。

五代目・渡辺時代の末期には山口組本家の直系組長たちは月会費として、幹部クラスは一〇〇万円、それ以外の無役の直系組長たちはそれぞれ八〇万円を納めていた。六代目・司時代の初期、月会費の基本額は五代目・渡辺時代と変わらなかった。ヒラの直系組長たちが月に八〇万円、それ以外に月の積立金三〇万円を納金させられた。

また六代目・司体制は初期のころ、引退する直系組長に向けた功労金制度をスタートさせた。約一〇〇人いた直系組長たちは引退する直系組長一人に対し、各一〇〇万円ずつを拠出し、引退直系組長一人に一億円を贈る。いわば「退職金制度」だった。

直系組長たちはそうでなくても毎月、一〇〇万円前後の月会費を納めている。この月会費さえ負担に思う直系組長が少なくなかったが、それとは別に引退者が出る度、一〇〇万円を臨時徴収されるのは苦痛である。

直系組長たちに対するいじめとしか解しようがないが、カネの搾り取りは初期のころから行われた。おそらく司－髙山ラインには直系組長たちに散財を強い、手早く経済的に疲弊させ、彼らの経済的没落を早めようという思惑があったかもしれない。江戸幕府が諸国の大名に参勤交代を強い、道中の出費で大名たちの経済力を削ぎ落とそうとしたのと同様である。弘道会に太いパイプを持つ愛知県警の捜査関係者もかつてこう語っていた。

「司組長時代の弘道会では、長いこと司組長が任侠道の夢を語り、それを髙山若頭が着々と実現していくという体制を取っていた。この体制は司組長が山口組の六代目になっても、刑務所の中に入っても、変わるものじゃなかった。

司組長の夢とは天下統一と司幕府の創設です。一身に織田信長と豊臣秀吉、徳川家康を兼ねたい。弘道会はまず名古屋と愛知県を統一した。次に山口組の本丸を取った。次にすべきことは上洛ならぬ上京です。首都に軍を進めて天下に大号令する。東京の國粋会に起きたことは、これです。天下統一を目指す一つの過程として、住吉会系小林会幹部射殺事件（〇七年二月、東京・西麻布で山口組に移籍した國粋会が幹部を射殺）も起きた。

では、なんのための天下統一なのか。ヤクザ界の平和共存のためです。もう互いに相争う時代ではない。争わずにすむよう統一政権を樹立する。これ以上、警察の餌食《えじき》になるのはバカらしい。司組長の任侠道はこれほど気宇壮大、長期的な未来を見据えたものなんです」

およそ捜査関係者が吐く言葉とは思えないが、捜査関係者を心服させるほど、司―髙山ラインによる司幕府樹立の思いは真剣だったのかもしれない。

直系組長が没落すれば、その組の若頭なり舎弟なり力ある幹部を直系組長に取り立てればいいと司―髙山ラインは考えたはずだ。それにより六代目・司としては、より忠誠を尽くす若手の直参たちを揃えられる。

この功労金制度は直系組長数の減少に伴い、一人一〇〇万円の拠出では間に合わなくなり、ほんの二、三年実施されただけで終熄《しゅうそく》したようだ。

もっとも受給資格を持つ直系組長であっても、彼が絶縁、破門、除籍などの処分を受ければ、功労金の支払いはない。身ぐるみ剝《は》いで直系組長の座から放り出すだけだ。

筆者は当時、弘道会の大幹部だった者から髙山が破門、絶縁した組員に対しては、徹頭徹尾冷たいと聞いたことがある。

「破門になったいうんは組織を裏切ったからだ。そんな者になぜうまい飯を食わせる必要がある? わずか一〇円の飯でも食わさんと考えている。山口組でも他の組なら、破門されても、いつか解けるってことがある。だから若い者は破門を格別怖がっちゃいない。しかし弘道会はちがう。破門されたからには徹底的にやられる。まして警察とつるんだことで破門された日には、命の保証さえない。組のために懲役に行った者とは扱いに雲泥の差がある」

司－髙山ラインはこうした弘道会方式を全山口組に押し及ぼすことで山口組を支配しようとした。

破門、絶縁された者が率いていた組は若い者を新組長に抜擢した上、山口組の新直系組長として本家に引き上げる。組が抱える組員は新直系組として、実質的に温存できる。

つまり司―髙山ラインにとっては、トップの首をすげ替えるだけで、若く忠実な新直系組長を入手できる。若手の直系組長がうるさ型の古参組長より使いやすいのは当然だろう。

司―髙山ラインは直系組長自身の努力や功績を認めない。山菱の代紋を使って直系組を作り、財を蓄えたのだろうから、その組織も財産もすべて代紋頭である当代の所有物である。直系組長がジャマになれば、丸裸にして追放あるのみという論理を押し通した。

もちろん直系組長の中には、若いころ非山口組系の組織か、独立団体としてヤクザ修業し、自分の組の基礎を作り上げた者もいる。そうした時代に築いた人的、物的資産も山口組の物だ、辞めるなら置いていけ、というのが司―髙山ラインのやり方である。強盗か山賊の作法というべきだろう。

だが、その直系組の組員であっても、「自分は山口組に世話になるつもりでこの組に入ったのだから、親分が山口組を外れても、自分は山口組にい続ける」と考える者が多い。たとえ親分が理不尽な理由で山口組を引退させられても、親分に殉じて自分も山口組を離れようとは考えない。山口組の知名度は高く、他団体に比べればまだしもシノギがしやすいからだ。

それどころか若頭クラスの幹部にとって、直系組長の引退は、実は歓迎すべき事態である。親分の引退は自分が次の組長に就ける可能性をもたらす。親分という重しなしに、ようやく自分がその組のトップになれる、嬉しいというわけだ。それまでの親分とはかつて親―子の盃を交わしたはずだが、すでに盃に縛られる気はない。

直系組においても「盃」は形骸化し、親分との人間的な気持ちの通い合いはほぼない。直系組に入ったのは山菱の代紋に就職したのであって、何も親分という男に、男の自分が惚れたわけではないという気持ちだろう。「男が男に惚れる」は今や残っているとしてもごく少数、例外的な存在といってよかろう。

だから「組織内昇進」というのか、あえて例を挙げるなら、山健組の組長代行だった橋本弘文がいきなり直系組長に引き上げられたとして、橋本が当時の山健組組長・桑田兼吉に感謝することはほぼない。多少、山健組の出身であることを誇らしく思うことはあるかもしれないが、自分が率いる極心連合会が以後、山健組と協力してという意識が浮かぶこともないし、山健組の元の仲間を懐かしく思い出すこともない。

橋本が感謝するのは、自分を直系に引き上げてくれた司忍に対してであり、以後は司にだけ忠誠を尽くせばいいのだ。

関係はきわめてドライである。よって権力を持つ者はほとんどの者に恨まれることなく、自分は何をしても許されると錯覚しがちになる。六代目・司忍の強権・強慾《ごうよく》支配は暴力団世界の地盤変質を背景に展開されたとも指摘できる。

日用雑貨の押し売り

二〇〇七年、山口組の直系組長は九五人に減少した。最盛時には一一三人いたから、かなり急激な減少である。功労金の一人当たり分担額は当然大きくなった。

若頭・髙山清司は組長・司忍が服役した後、自分が範を示さなければと思ったのか、平日は朝一〇時ごろから夕方五時ごろまで、神戸の本部に詰めるようになった。このため直系組長たちは特別に用がなくても、本部に出かけ、本部に詰めていなければならないような強迫観念に駆られた。

直参たちは、夕方髙山が本部を出るまで、本部に屯《たむろ》し、髙山が出た後、帰り支度を始めた。本来が自由人のヤクザではなく、サラリーマンに似てきたのだ。おまけに日中、彼らは本部に詰めていたから、携帯電話の受け答えも自由ではなくなり、自分のシノギに手間暇を掛けられなくなった。

神戸から遠隔地に拠点を置く直系組長たちは平日の間、神戸に滞在しっぱなしになるから、ついには神戸滞在用の宿舎まで手当てするようになった。

何やら江戸時代の、大名の下屋敷や参勤交代を思わせる光景が現出した。事実、髙山清司の狙いは自分より山口組本部に詰めた歴史が古い古参組長たちの貧窮化、その結果としての追い出しにあったはずだ。

前記した通り、彼らが月会費も払えないほど零落すれば、首をすげ替えるだけだから、かえって好都合なのだ。

〇六年からは直系組長を相手に、日用雑貨品の販売も始めた。専用の商品パンフレットを用意し、ボトル入りの飲料水やチューブ入り歯磨き、シャンプー、石鹼、洗剤、ティッシュペーパー、ボールペン、タバコ、文房具、米などを扱い、一直系組長当たり月に五〇万円、一〇〇万円と、買い上げ高を競わせた。

たとえば水なら、岐阜県関市で採水、ペットボトルに詰め、五〇〇ミリリットル入りのボトルが二四本入った箱が一ケースだった。売買の最小単位は一〇ケースで、これが三万一二〇〇円。一本当たりなら一三〇円につく。現在、ケース買いなら一本が二〇～三〇円だから、目の玉が飛び出るほどの暴利だった。

直系組長たちは毎月、無理をしてでも大量にこれを買い込んだ。傘下の組織に流すわけだが、毎月のことだから、本部事務所も系列組の事務所もうずたかく積み上げられたペットボトルの段ボール箱に占領された。知り合いやご近所に、ただでいいから持って行ってくれと頼み込んでも、捌《さば》ききれない状態になった。

「日用品の販売は弘道会が名古屋で始めた互助会に由来しているらしい。それをそのまま山口組本部に持ち込み、全国版に拡大した。買い手の中の最大は毎月一〇〇〇万円ずつ買い込んでいるらしい」（当時の中堅組長）

当然、こうした雑貨の半強制的な販売は「わしらは雑貨屋のオヤジじゃない」と、若頭・髙山に対する直系組長たちの不満と反発を呼んだ。

同じころ、若頭・髙山清司を批判する怪文書がマスメディアなどに送付され始めた。これらの内容がどの程度事実に即しているか不明だが、当たらずといえど遠からずだったろう。批判されたのは圧倒的に高山のカネ集めだった。

参考までに当時の怪文書の要所を掲げておこう。

〈山口組の直参の皆さま、捜査機関の皆さま、この文書に書かれている事はすべて事実であることを認識して見て下さい。

六代目山口組若頭・髙山清司の悪逆非道この上ない、山口組を食い物にして私腹を肥やしている悪行の数々をここに記していきます。

第一　麻雀賭博での非道

若頭の立場と、弘道会の力を背景に信じがたい話ではありますが、すべて一人勝ち、自分以外の人が勝っていると自分が勝つまでやめない。一般社会理念からは想像できないほどの金額を吸い上げる。莫大なカネを吸い上げられた人の実名を挙げよう。

最高幹部　瀧澤　孝（芳菱会）　一億円

顧問　大石誉夫（大石組）　一億円

舎弟　　後藤忠政（後藤組）　一億円
若頭補佐　青山千尋（伊豆組）　三億円
若頭補佐　鈴木一彦（旭導会）　一億円
幹部　　岸上剛史（平井一家）　一億円
幹部　　剣　政和（黒誠会）　一億円
若中　　渡辺啓一郎（瀬戸一家）一億円
若中　三谷省一（伊勢志摩連合会）一億円
若中　　高木康男（清水一家）　三億円
若中　　船木一治（誠友会）　二億円
若中　　金光哲男（金光会）　三億円
ほかにも数名の者がいる。
この二年半に二〇億円近い莫大な金が髙山の懐に入っている〉

記された金額は直系組長たちの負け額の概算である。髙山清司は週末、名古屋に帰り、身体を動かすことといえば、弘道会本部に設置されたプールで水中ウォーキングをする程度だった。ほとんどスポーツをせず、時間があれば雀卓の前に座り込んで麻雀漬けだったから、脊椎を傷めるのも道理だった。まして自分が勝つまで麻雀をやめないというのであれば、プレイは長時間に及んだはずである。

怪文書を続ける。

〈第二 引退者の慰労金

直参が引退するときに一億円の慰労金が支払われるが、そのカネは各直参団体からの一〇〇万円の集金。この制度ができたときは、この慰労金を金銭貸借してはならないと規約に定めておきながら、若頭の権限を利用し、この規約を破っている。（以下、意味がわかりにくいため略）

第三 日用雑貨の強制購入

（略）各直参団体に強制的に平均五〇万円から六〇万円。最高幹部、幹部、舎弟一〇〇万円以上、（合計すれば）年間七億円以上ものカネである。この品物といえば俗にいうバッタ品。通常価格の一割から一割五分の値段で仕入れたのは事実である。まさにカネの亡者、そのカネもすべからく髙山の懐に入っているのか。

第四　謹慎処分の名を借りた逮捕監禁の事実

髙山は自分の気に入らない人間には策謀をもって罪に陥れ、山口組本部に呼びつけ、有無を言わさずに謹慎処分にし、衣服など荷物を取りに行かせて下さいと言っても一切聞き入れず、ただちに朝九時から夕方五時まで椅子に座らせ謹慎させる。これまでにその犠牲になったのは石井一家・江口孝、約二ヵ月間。小車誠会・川口和慶、二回謹慎で約一ヵ月半。この両名が病気持ちであることは直参全員周知の事である。また同じく浅川一家・浅川睦男も病気であるのに一ヵ月の謹慎。この三名は反髙山であり、髙山自身が（それを）知っての上での陰謀策略である。この行為はまさしく、逮捕監禁そのものである。これは恐怖政治の見せしめのために髙山がやったことである。

以上、髙山の悪行を述べてきましたが、直参の皆さん、五代目・渡辺親分の盃をもらった若い者の誇りを忘れてはなりません。昨日今日直参になって、親（組長・司忍）の七光で若頭の座布団に座ったチンピラを恐れる事はありません。われわれが髙山に受けた、幼稚園の子供じゃあるまいし、挨拶の強要、因縁をつけての罵詈雑言《ばりぞうごん》、決して忘れる事のない男のプライドを踏みにじられた屈辱は忘れないぞ。怒りどころか怨である〉

ここに記されたことは、他の証言などに照らして、ほぼ事実と推測できる。実際に髙山が山口組でしたことは恐怖政治であり、それに基づいた直系組長たちからのカネの収奪である。

もっとも泣く子も黙る暴力団が「髙山清司にカマシ入れられましてん」と嘆くのはサマにならない。だが、暴力団だからこそ内部は治外法権の世界である。リンチ、殺し、拉致、強奪、なんでもありで、その上、被害を受けた者も暴力団だから、警察に被害届を出せない。出す習慣がなく、出すのは彼らの倫理や美学に反すると教え込まれ、その考えから抜け出せない。

よって組長・司忍と若頭・髙山清司はそれをいいことに、あたかも直系組長たちが不倶戴天《ふぐたいてん》の敵でもあるかのように、彼らをいじめ抜き、いたぶり、財産を召し上げ、組の外に追放した。

若頭・髙山清司は〇八年一〇月一六〜二〇日までの間に直系組長のうち一一人を絶縁、除籍、謹慎処分とし、組外に追放した。これとは別に、首都圏有数の経済ヤクザとして知られた後藤組組長・後藤忠政も除籍された。

後藤がまず除籍処分を受けたのだが、後藤に同調する直系組長たちが後藤の処分に異議を唱え、「連名談判状」を執行部や直系組長などに送付した。が、かえって髙山に逆手に取られ、芋づる式に処分されたのだ。

後藤組処分への連名談判状

山口組で何が起こったのか、順を追って説明しよう。

山口組は二〇〇八年一〇月五日、総本部で月定例会を開いたが、後藤組・後藤忠政は医師の診断書を提出した上、定例会を欠席した。幹部を代理出席させたのだ。ところが定例会に先立つ二日、「週刊新潮」が発売され、後藤の誕生祝いのゴルフコンペを扱っていた。開催は九月一六日で、コンペには後藤はもとより細川たかし、小林旭、角川博、松原のぶえ、中条きよしなどの姿があったと報じていた。

記事中、後藤の名は伏せられたが、少しでも事情に通じる者が見れば後藤のコンペということはみえみえだった。後藤は定例会を病欠しながら、直前にはゴルフに興じていた。しかもＮＨＫは七日、前記歌手たちについて数ヵ月間出演を見合わせる方針を決め、すでにコンペがコンペで済まなくなった。

山口組執行部は、事情を質《ただ》そうと後藤忠政に電話を入れたが、後藤は電話に出ず、連絡がつかなかったため、執行部の一人が八日、静岡県富士宮市の後藤組に出向き、何らかの処分をするとの方針を伝えた。だが、後藤は「たかがコンペで処分はなかろう」と、まともに取り合おうとはしなかった。

その後、神戸の本部では後藤忠政にどう対応すべきか、執行部会が開かれたが、若頭・高山は後藤忠政を破門するよう主張した。が、取りなす幹部がいて、結局、破門より軽い除籍で落ち着いた。

山口組執行部は一四日、まず後藤忠政の除籍を各直系組に通達した。これに付随して、後藤組の組員は、若頭補佐で東海ブロック長の芳菱会・瀧澤孝が預かる。残された後藤組の幹部が跡を継ぐとしても、二代目後藤組という名乗りは許さない、といったことも伝えられた。

これを受けて後藤組は一五日、富士宮の後藤組本部に組員を集めて協議、結論として「今後、後藤組は一本で行く（山口組を出て独立するという意味）。したがって山口組の処分は関係ない。組長・後藤忠政が引き続き後藤組を率いるし、芳菱会預かりなどはあり得ない」と決めたとされる。

後藤組の「決定」はその日のうちに外部に伝わり、山口組情報に関心を持つ警察やマスコミ、ヤクザ関係者たちは一挙に緊張した。後藤組は単独で山口組と喧嘩するつもりか――。

これより少し前、直系組長たちは後藤処分を知る。直後に一三人の直系組長たちの名が列記された「連名談判状」が出された。これは出し手の名前も明記され、怪文書とはいえない。

この連名談判状の要点を紹介すると、

〈六代目山口組として船出して以来、親分不在の中（司組長の服役を指す）、数々の悪政に耐え、今日に至ったが、この度、後藤の叔父貴への執行部の対処に我々は断固、抗議する。

何の非のない、ましてや三代に亘《わた》り（四代目・竹中、五代目・渡辺、六代目・司の意）

山口組に多大な貢献をしてきた後藤の叔父貴の、何ら落ち度のない非なき事を問題にする正常な判断すらできぬ堕落した執行部を、これ以上容認する事はできない〉

ここで後藤の叔父貴と記すのは、後藤が山口組の舎弟で、書き手たちが若中だからだった。当時、山口組には舎弟クラス（顧問を含む）が九人、残りが若中（若衆ともいう）だったが、山口組では、舎弟に一線を退いた人といったニュアンスがある。後藤は五代目・渡辺の時代には若頭補佐を経験し、司と同位だったが、六代目・司になって舎弟に祭り上げられた。

連判状を続けよう。

〈友人知人が叔父貴の誕生日に企画してくれたゴルフコンペに出席することが何の道に外れ、極道としての処分の対象になるのか、一般社会通念にてらしても何ら咎《とが》められるものではない。

これを敢えて執行部の机上に上げる事は六代目山口組執行部の次元の低さを世に露呈する事であり、山口組組員は世間に大恥をかく事になるのだ〉

〈(執行部は)原点回帰を唱え、六代目山口組の根本姿勢としているが、実際はまったく時流に逆行した運営をしているではないか。長引く不況の時、五代目時代の会費に比べ三五万円も増えている。

バブル全盛時代でさえ今の会費より少額で(山口組を)充分維持運営していたではないか〉

〈その上に雑貨屋ごとき飲料水、雑貨の購入、これは強制購入ではないか、我々は雑貨屋の親父ではない。最終的には我々の組員が極道としての誇りを傷つけながら、恥を忍んで売り歩いているのだ。その収益は何としているのか〉

ここでも雑貨の半強制的押し付け販売が問題視されている。

連判状は次のように続いて結語に至る。

〈我々も大なり小なり、世に言う山口組の直参組長であり、一国一城の主《あるじ》である。その我々を昨日今日の小僧の如く、挨拶の声が大きい、小さい等と、保育園、幼稚園児ではあるまいに叱る某一部執行部の言動は、言葉に言い尽くせぬ最大の侮辱であ

り、人間の尊厳を冒瀆《ぼうとく》している。山口組への忠誠心が薄れる言動は即刻中止せよ〉
〈万が一にもこの要求が受け入れられないときは、世に現状の山口組を知らしめ、我々の要求が是か非か判断を仰ぐのみである。今回は、連名の者だけだが、ほとんどの直参が今の山口組の悪政に泣いているのは事実であり、末端の組員は塗炭《とたん》の苦しみに喘《あえ》いでいる。（略）
今こそ、本来の山口組を取り返すときではないのか〉

末尾に次の一三人の名が活字体で記されている。なおカッコ内はその後の髙山執行部による処分内容である。

二代目難波安組組長・小林治（〇九年九月に自ら引退、組は解散）
盛力会会長・盛力健児（〇九年二月に除籍）
浅川会会長・浅川桂次（除籍）
浅井組組長・浅井昌弘（謹慎）
井奥会会長・井奥文夫（絶縁）

六代目奥州会津角定一家総長・小野守利（除籍）
三代目大門会会長・奈須幸則（絶縁）
二代目一心会会長・川﨑昌彦（除籍）
二代目浅川一家総長・浅川睦男（除籍）
二代目倉本組組長・津田功一（謹慎）
太田興業組長・太田守正（除籍）
四代目北岡会会長・宮本浩二（謹慎）
二代目岸本組組長・清水武（処分なし）

なおこの連名の筆頭に、太い線を引かれて消された組名と姓名がある。これは四代目山健組組長・井上邦雄の名だったとされる。井上は最後の最後、決心がつかず、この連名から脱落したという。

井上邦雄にはそうでなくても優柔不断なところがあった。先に述べたことだが、五代目・渡辺芳則が司側に引退を迫られたとき、渡辺のそばについていた「直参でない側近」は井上だったとされる。

「直参でもない者が引っ込んでろ」と一喝されても、なお「それが親分に言う言葉か」と、司側に立ちふさがり抗弁していれば、渡辺は引退せずに済んだろうと残念がる山健組関係者は少なくない。

井上は慎重というより、大事な場面で腹を決められず、結局は「男になるチャンスがいくらもありながら、チャンスを生かせず、一度として男になれなかった」と評される理由である。井上は連判状の寸前で逃げ出し、気持ちと志を同じくする名を連ねた者たちを見殺しにすることになる。

井上の身に即していえば、四代目山健組は当時、身内の多三郎一家・後藤一男総長刺殺事件を抱えていた。これについては次の章で詳述したいが、ここで事件に簡単に触れておこう。

山健組傘下の多三郎一家総長・後藤一男（名古屋）が歯に衣着せず司、髙山を批判するため、山健組はその口を封じ、山口組本部での体面を守ろうと、自ら仲間である後藤総長を刺殺した。だが、兵庫県警の捜査が山健組の若頭である健國会会長・山本國春に迫っていたため、井上は連判状どころではなかったと言えるかもしれない。

だが、この事件も山口組本部における自らの立場を守るため、あえて仲間を殺した事件である。井上の名誉には金輪際、ならない事件だった。

井上と同様、後藤忠政も戦えなかった。後藤忠政は〇一年四月、渡米し、カリフォルニア大学ロサンゼルス校附属病院で肝移植手術を受けた。手術は成功したが、それでも以後、毎月、肝機能検査が欠かせない身体になった。後藤は自分に下された除籍処分が本当に服役中の組長・司忍が了解した上でなされたものか、確信が持てず、髙山の独断専行を疑った。髙山が司の服役をいいことに、勝手に処分を乱発しているのではないか——。

いずれにしろ病院通いの身で山口組本部と喧嘩することはできない。結局、後藤忠政は不承不承に引退、それまでの後藤組若頭と本部長、二人を直系組長として山口組に差し出し、若頭補佐を経験したにもかかわらず、後藤組の名を後の世に伝えられなかった。

髙山逮捕というきっかけ

二〇一〇年一一月、若頭・髙山清司は京都府警に四〇〇〇万円の恐喝容疑で逮捕された。被害者は自由同和会京都府本部会長のUである。Uは国土建設協同組合の理事長を兼ねている。

京都府警の発表によると、おおよそ髙山の犯罪事実は次のようなものだった。

〈髙山若頭は、Uから事業活動などに対するみかじめ料名目でカネを脅し取ろうと計画、山口組直系淡海《おうみ》一家・髙山義友希《よしゆき》総長（組織犯罪処罰法違反罪で起訴）ら三人と共謀の上、〇五年七月末から同年一二月初旬にかけて京都市内のホテル等でUに対し、「我々がUさんを全面的に面倒見ることになった。ついては面倒を見るお代として、みかじめ料を持ってきてほしい」「名古屋の頭（山口組若頭・髙山清司）に届けるから一〇〇〇万円以上は持ってきてくれ」などと脅迫して執拗にカネを要求し、同年一二月三〇日、京都市内の別のホテルでUから現金一〇〇〇万円を脅し取り、さらに〇六年二月ごろからその年一二月中旬にかけて、京都市内にUが所有する関係会社などで、Uに対し「山口組としての決定事項を伝える」「Uがやっている仕事は淡海一家を窓口として通してほしい。盆暮れも頭に現金を届けてほしい」「仕事を一緒にやろうやないか」「仕事とは別に一〇〇〇万円以上は持ってきてや」等と脅迫して、カネの要求を執拗に続け、その年八月九日に現金二〇〇〇万円、また一二月一八日に現金一〇〇〇万円を京都市内の喫茶店で脅し取った〉

若頭・髙山は一度Uとの会食に同席し、「髙山義友希さんとよろしくな」とUに挨拶したことはあった。また何かの折にUと顔を合わせた際、「いつもすまんな」と会釈したともいう。

しかし髙山は恐喝の現場や現金受け渡しの場面には一度として同席していない。が、それでも髙山は恐喝の共謀共同正犯で逮捕され、翌二〇一一年一月、勾留が一時停止されるまで拘束された。おそらく山口組内では「ザマァ見ろ」と小気味よく思う直系組長が多かったのではないか。

組長・司忍は二〇一一年四月、刑をつとめあげ、府中刑務所を出所した。髙山は勾留され、司を出迎えられなかった。髙山は一二年六月、京都地裁の決定で保釈された。保釈保証金は異例なほど高額で一五億円だった。

このとき司組長は「髙山の保釈金を出さんかい、皆払うてやらんかい」と周りの者に呼び掛けていたという。若頭・髙山にとって一五億円は人の世話にならず、彼一人で一日もかからず用意できるカネだったことは言うまでもない。

直系組長たちは組長・司忍が出所すれば若頭・髙山とは違う「善政」がしかれるのではないか、期待を込めて見守っていた。が、司のやったことは墓参りと他団体との交流だけだった。結局、司のやることも髙山と変わらず、自己の利益だけを図るものと、直系組長たちは失望した。失望はやがて直系組長たちを落胆させ、一部の者は怒りさえ抱き始めた。

一三年三月、京都地裁は若頭・髙山清司に対し、懲役六年の有罪判決を下した。髙山は控訴したが、判決は変わらなかった。

さすがの髙山も自分が服役で「社会不在」になっている間の山口組運営を考えざるを得なくなった。弘道会以外の者に、組長も若頭の座も渡してはならない。採る手段はまたしても分身の術だった。髙山は弘道会の会長から総裁に上がり、それまで弘道会の若頭だった竹内照明を三代目弘道会会長に据えた。司忍―髙山清司の前例にならい、今回は髙山―竹内のラインをそのまま山口組に持ち込んだのだ。これまた依怙ひいき人事の極めつけである。

その上で同年一〇月、新・弘道会会長とした竹内照明を山口組の直参に昇格させた。直系組長たちの多くは、このままでは山口組組長の座が今後三代にわたって弘道会に独占されると、さらに警戒感と嫌悪感を強めた。

しかし、髙山は自分が刑をつとめ上げないことには、次の七代目山口組組長への就任はあり得ないと考えたのか、一四年五月、先の恐喝事件の上告を取り下げ、おとなしく服役することを決めた。

これが髙山にとって大きな間違いだった。直系組長たちの何人かはチャンス到来とばかりに、六代目山口組からの分裂、独立を求めて、密かに寄り合いを始めた。その上で翌一五年八月、六代目山口組を割って出て神戸山口組を旗揚げしたのだ。

分離独立した以上、六代目山口組のカネ集めと弘道会への依怙ひいきの実態が世に出ることは防ぎようがなかった。

神戸山口組は蜂起した主な理由として、六代目山口組が行っているきびしいカネ集めを挙げた。

直系組長たちは毎月一〇〇万円前後を月会費の名目で本部に納めている。山口組本部には直系組長たちが差し出す会費（警察はこれを上納金と呼ぶ）だけで、毎月約七〇〇〇万円が集まっていた。

この分裂で初めて出た数字だが、このうち約三〇〇〇万円が月々司組長に渡っていたという。年間にすれば三億六〇〇〇万円。

その他、直系組長たちが拠出して中元や歳暮の時期、また組長・司の誕生日祝い

（一月二五日）に各一億円近くを集め、組長・司には年六億円ぐらいが渡っていた。また司組長は友好団体のうち双愛会、共政会、福博会、東亜会を後見し、これら団体からも中元や歳暮で現金を贈られていたらしい。司はなんやかや年間一〇億円前後を集金していたのかもしれない。

こうした収入は正確に税務申告され、納税されていたのか。全額ではないまでも、多少は申告されているとみられる。有名ヤクザは税務署を恐れ、たいてい形式を調えるぐらいの努力はしている。が、それで万全ということではない。

神戸山口組の「奥の手」として、警察や税務当局に対して証言の提供があるとされた。数字がどれほどデータ的に裏付けできるのか疑問だが、少なくとも司組長の収入を熟知する立場にいたのは、かつての山口組総本部長・入江禎である。入江は組を出た以上、司忍になんら遠慮する必要がなかった。

一五年六月、福岡県警は北九州市を牛耳る工藤會総裁・野村悟を所得税法違反容疑で逮捕した。工藤會では月に約二〇〇〇万円の会費が集められ、その四分の一、約五〇〇万円が野村総裁に渡されていたという（年額では六〇〇〇万円）。二〇一三年までの四年間に約二億三〇〇〇万円が渡り、おおよそ八八〇〇万円を脱税したとして、野村総裁は逮捕された。

脱税による暴力団トップの逮捕は警察にとっては大金星である。警察庁は「福岡県警でやれたことがよそでやれないわけがない。脱税で暴力団のトップを挙げろ」と全国の警察に号令を掛けた。

司組長の収入は野村悟総裁より一ケタ多い。兵庫県警や大阪府警、愛知県警が、神戸山口組側が提供する情報に飛びつき、「司組長を所得税法違反で逮捕」を狙うと予測したのは必ずしも妄想ではなかった。

「しかし、我々がこうした数字の裏付けを出すのは最後の最後です。ヤクザが警察においそれ協力するわけにいかない。ただし向こうの出方によっては出さざるを得ない。司さんだって七〇過ぎて刑務所に入るのは嫌でしょう。我々もむりやり入れようとは思ってません」（神戸山口組のメンバー）

大ざっぱに六代目山口組の直系組長たちは年間一人当たり総額三〇〇〇万円を山口組本部に支払っていた。その三〇〇〇万円に見合うカネを山口組の代紋で稼がせてもらっていたかとなると、大いに疑問だ。たいていの直系組が組員を数十人、中には数人にも減らして毎月ピーピーしていた。

ある直系組長は自分の名では貸してくれる相手が一人もいなくなり、女房に向かって「すまんがお前、親戚の叔母さんに二〇〇万円だけ都合つかんか、聞いてくれるか」「同じお願い二回も三回もできないわよ」と当然、女房はいい顔をしない。

こういう暮らしをして毎月の会費をひねり出している組長が多いとされた。会費を払えば払うほど借金が増えていく、というのも頷かれた。

会費収入は町内会やファン・クラブなどと同じく法人格を持たない任意団体の、収益を目的としないカネだから、社会習慣上、課税対象にはならないという考えがある。

たまたま工藤會の脱税事件では同会の金庫番とされる総務委員長・山中政吉が詳細なメモを残していた。山中容疑者は面倒臭がり屋の野村総裁に代わって、第一位の愛人にいくら、第二位の愛人にいくらと、自らお手当を払い込んでいたばかりか月会費の支出項目（金額や使途）を詳細にメモしていた。

一説に自分が使い込んだのではないと後で弁明できるよう、証拠を残したかったからだとされる。

このメモが家宅捜索のとき福岡県警に押収され、捜査員が大変な物を発見したと福岡地検に相談し、地検もすぐその重要性に気づき、国税局の協力を仰いで、三者が力を合わせて脱税事件を解明したという。

神戸支局詰めの全国紙記者が語った。

「山口組の水や雑貨品を一手に引き受けている会社は神戸市兵庫区にあるアトレジャパンです。同社は取引商品の約六割を各地の山口組系二次団体に売っている。また神戸市北区山田町に通称『山口組会館』と呼ばれる葬祭場も持っている。

二〇一〇年四月、兵庫県警が魏孝行という同社の元社長を、知人男性から現金五〇万円を脅し取った疑いで逮捕し、同社と葬儀場を家宅捜索してます。一一年二月には愛媛県警が山口組系組織の特定商取引法違反事件でアトレジャパンを家宅捜索し、伝票やパソコンなど三〇〇点以上を押収している。同時に山口組総本部にもガサを掛けてます。

この会社は若頭・髙山清司の会社とされ、利益の大半を髙山に渡していたのでは、と疑われてます」

兵庫県警はアトレジャパンを突破口に、髙山若頭―司組長のルートで迫るのではという観測が大阪地区の六代目山口組系組織では行われていた。

バブル期には一日で五〇〇億円集める経済ヤクザなど、さほど珍しくなかった。しかし今はたかだか五〇億円で分裂抗争の決着がつくともいわれる。六代目山口組は司組長、髙山若頭の保釈保証金で簡単に一〇億円、一五億円を集めてきた。彼らにとって五〇億円ぐらいは簡単に思えるのだが。

東京の事業家が続ける。

「カネを持っているのは司組長です。愛知万博と中部国際空港で大金に縁ができ、トヨタで名古屋がうるおった。おまけに山口組の組長になってから、直系組長たちのカネを奪えるだけ奪った。司組長のところはカネが唸《うな》ってます。配下の若頭補佐にも巨額を握っている者がいる。必要なカネは喜んで用立てるでしょう」

六代目山口組では司—髙山—竹内照明若頭補佐の三人がタッグチームを組み、誰も中に入れないという。内部情報に通じる別の関係者が言う。

「一時は髙山若頭と御神酒《おみき》とっくりのように仲がよかった極心連合会・橋本弘文会長も若頭補佐から統括委員長に祭り上げられ、今じゃ完全にバカ扱いです。

司組長など面と向かって『しゃべくりもできんバカが黙っとけ』と怒鳴りつけている。若頭補佐になろうと、最後は使い捨てにされます」

若頭補佐の二代目健心会会長・江口健治（大阪）や同じく若頭補佐の光生会会長・光安克明（福岡）、幹部で組織委員長の織田組組長・髙野永次（大阪）などは、司組長の意を体して直系組長たちに無慈悲に当たっていたとされる。

「彼らは直系組長たちから組事務所などを取り上げる尖兵役だから、虎の威を借る狐と言っていい。彼らが直系組長たちの間で嫌われているのはハンパじゃないけど、いずれ彼らもポイ捨てにされる。自分がどう使われているか、なぜ客観的に見ようとしないのか、不思議です」（神戸山口組幹部）

六代目山口組では、直系組長たちには各自の組事務所について、組事務所の土地、建物とも借金などのため担保に入れるな、名義を変えるな、と指示が出ているという。

「これは組事務所は山口組の物だ、引退するなら山口組に置いていけという司組長指示の実践です。しかし直系組長によっては組事務所と居宅を兼用して、そこに自分ばかりか老いた母親も住まわせていたりする場合がある。それぞれに細かい事情がある。まして組事務所は直系組長が山口組に入る前に建てている場合もある。それを山口組の物だと一律に取り上げるのは、強欲資本主義どころの話じゃない」（山口組の

内情に通じる関係者）

「カネに殺された」

弘道会支配は山口組の直系組長にだけつらく当たるのではない。当の弘道会の配下に対してもカネで追い込みを掛け、相手が自殺しても平然としていた。

二〇一〇年一二月には弘道会の舎弟と若衆二人を自殺させている。

一二月三日、弘道会系村松組組長・村松功（当時六三）は名古屋市千種区の女性の家を訪ね、用を済まして女性宅から関係会社の社員二人が待つ車に戻ると、後部座席に乗り込み、突然「これから死ぬ」と言い出した。

社員は驚き、「何をおっしゃる」と引き留めにかかったが、村松組長は取り合わずに拳銃を取り出し、銃口を自分の頭に押し当てて引き金を引いた。即死である。

村松組長はなぜ自殺したのか。生前、村松組長と親しかった知人が背景を語る。

「村松組長はもともと導友会の幹部だったが、九〇年代に導友会は弘道会の傘下に入った。村松組長は導友会とは別に弘道会の直系若衆に取り立てられた。リーマンショックの前まで奥さんを社長にKという人材派遣会社を経営し、トヨタやデンソーに五

○○人もの工場労働者を派遣していた。一時はかなりのカネを握り、金融業や裏カジノにまで手を広げていた。
数年前、脳梗塞を発症した後、体調がすぐれずノイローゼ気味になった。村松組長は弘道会の幹部に『弘道会を辞めたい』と申し出たが、本部は『そういうことなら、今まで稼いだものを全部置いてから出ることだ』と言い渡した。これでは稼いだカネはもとより、今まで築いてきた会社や店まで全部捨てることになる。さすがに踏み留まったが、ずっと弘道会に在籍することに苦痛を感じていたはずだ。

自殺の原因について弘道会はノイローゼを挙げているが、実際は村松組長が再び『辞めたい』と言い出すと、前回同様に『全部置いていけ』と命じられたからだ。それを苦にして自ら命を絶った」

もう一人は弘道会の舎弟に納まっていた佐々木一家・山本岩雄総長（六○歳・当時）である。山本総長はかつて弘道会の本部長をつとめたこともある大幹部だった。佐々木一家はもともと若頭・髙山清司の出身団体である弘田組系佐々木組（後に山口組直系、菱心会と改称）の流れを汲む。弘道会内では名門といっていい。

総長・山本岩雄は一二月二六日午前九時半ごろ名古屋市千種区自由ヶ丘一丁目の墓

地、初代佐々木組組長・佐々木康裕の墓前でこめかみを拳銃で撃ち抜き、自殺した。

佐々木一家に近い関係者が語る。

「最近、佐々木一家の若頭に就いたのが、出所したばかりの髙山組（竹内照明組長＝弘道会若頭）幹部だった。出所したばかりだから、カネ集めが思い通りにいかず、佐々木一家の資金力はどん底に落ちていた。にもかかわらず弘道会本部は次々上納金を言い立ててくる。山本総長はカネ集めに苦労し、噂では自殺の数日前、同じ髙山組系の水谷一家から三〇〇〇万円ほど借りたともいわれている。

山本総長はよほどカネの苦労でウンザリしていたのか、『この際、佐々木一家の総長も弘道会も辞めたい。いっそ破門にしてくれんか』とたびたび本部に申し入れていた。親しい仲間からは『もう少しで司の親分が（刑務所から）出てくる。それまでじっと辛抱しろや』と慰められていた。

カネがらみで自殺したという点では、山本総長も村松組長と同じ。二人ともカネに殺された」

組員は組に所属している以上、法律には頼れない。我々は法律の外にいると自覚しているようだ。身を置く場所がまともに暴力の風が吹きつける世界だから、カネでの追い込みがすぐ死に直結する。一般社会では借金と自死との間に救済制度やセーフティネットが設けられているが、暴力団業界の強者はカネを貸しているという強みがあれば、情け容赦なく借り手を死に至るまで追い込む。自殺しようと、本人が暴力団世界に身を置いている以上、その遺族であっても、とやかく言えるはずがない、とタカを括っているのだ。

神戸山口組の幹部が分裂前のこととして次の事例を挙げる。

「六代目山口組がやることは殺気立っている。たとえば福井の川内組・根本辰男組長が辞任を申し出ると、組事務所の所有名義を息子の名前にしているのが気に入らないと、罪過もないのに根本組長を破門して外に放り出し、組事務所を取り上げようとした。組事務所は山口組の代紋で稼いだカネが元になっている。だから、引退するなら全部財産を吐き出し、置いていけという論理なんです」

司─高山ラインは神戸市灘区の高級住宅地に建つ山口組本部の土地を狙っているとされる。山口組の不動産を管理するのは幹部が代表取締役をつとめる「山輝」や「東洋信用実業」だが、直系組長たちはそうした会社の株を買わされ、保有している。

六代目山口組本部長・大原宏延（二〇一七年五月病死）は「わしも株を放棄した。

兄弟もこの際、放棄してくれんか」と直系組長たちに迫っている。株券と委任状、印鑑証明さえ出してくれれば、後はこっちで処理するから、と。

司組長はこの土地を売りやすく一人所有にした上で売却、名古屋に引き揚げる腹と読む関係者もいる。もちろん神戸山口組に拠った直系組長たちが株を放棄する理由はない。まだ一三人全員が株を保有しているという。

一時期、司組長は何かというと、「レポートにして出せ」と執行部の人間に命じていたらしい。口頭での報告に耳を傾けず、どこかの会社の上役のように「レポートを出せ」はヤクザとしての進化なのか、退歩なのか。

山口組の直系組長のうち、今回の分裂より前に除籍、破門、絶縁などの処分で心ならずも山口組を離れ、ヤクザを引退した者たちが何人もいる。いわば「直系組長OB」である。

そういうOBの一人が次のように言う。

——分裂の動きについてはいつごろ知ったのか。

「二〇一五年の四月ごろから分裂の臭いがしていた。しかし、ほんとに分裂できるのかなという危惧は感じていた。というのは分裂側に二代目宅見組・入江禎組長（現・神戸山口組副組長）も加わっていると聞いたからだ。

私は入江さんには否定的な感覚を持っている。あんな人が加わって大丈夫なのかと感じた」

——今も現役の直系組長たちの何人かとは交際しているのか。そういう人たちから分裂の情報が入ったわけか。

「腹を割って話せる人間が六代目山口組にも、神戸山口組にも、何人かいる。分裂の話はその後神戸山口組に移る者から聞いた」

——その話を聞いて、どう思ったか。

「今は、よう分裂したなと思っている。あれだけカネ、カネという親分や執行部はまずない。そのくせ会計報告はしない。五代目時代には決算報告があったものだが。直参（直系組長）はほとんどみんな苦しい思いをしていた。

岸本才三さんが最高顧問だったころ、直参たちが以前、二〇〇〇万円ずつ出し合って買った本部の土地を処分して、せめて五〇〇万円ずつでも直参に返そうかという話になった。このとき『そら、できまへんな』と言下に却下したのが髙山さん（清司若頭）と入江さんだ」

直系組長OBはこうも言った。

「司さんや髙山さんに憎しみはないけど、司組長は一度本家に女の子を引き入れたと聞いている。三代目、四代目、五代目が築き上げた本部や本家でろくでもないことをやると呆れた。分裂されたのは当然だ」

誰もヤクザに性倫理は求めないだろうが、とはいえ、山口組のトップともあろう者がいい歳をして、公私の別なく女色に狂うのは大きく配下の信頼を損なう行為だろう。

神戸山口組の幹部も吐き捨てるように同様のことを口にした。

「（組長・司忍は神戸の新本家に）女だけは連れ込んどる。最初、聞いたときには、えーっ？　て驚いたんや。そんなものよそでせえって。

（司が）執行部室に来て大きな声で言うわけや。『いやー、きのうは面白かった、お前なー』て。六〇越えてる男が、カネと地位があるから、二〇歳そこそこの娘もついてくるけどな、３Ｐ、４Ｐしたって手柄のように言うんやから。ヤクザが（こうしたことを）非難するのもなんやけど、品がないこと、おびただしい」

先の直系組長ＯＢは最後にこう言った。

「岸本さんには親しくしていただいたが、岸本さんは亡くなる前に言っていた。『完全に司（忍組長）には猫をかぶられていた。高山（若頭）がやっていることは司の指示通りなのだ。山口組はこのままでは後二年ともたんぞ』」

岸本才三は二〇一四年一月に死んだ。彼が死んで一年七ヵ月後に山口組は分裂した。図らずも岸本才三の予言は的中したわけだ。

第五章　実録　神戸山口組の設立

初めて明かされる六代目脱退劇の深層

「田岡の時代に帰れ」

二〇一五年八月二七日、山口組の直系組長一三人が山口組を離脱し、新しく「神戸山口組」を結成した。

九月五日、神戸市花隈の四代目山健組本部に神戸山口組のメンバーが集まり、発会式が開かれた。住吉会幸平一家総長・加藤英幸も陣中見舞いに訪れ、その模様はニュースで報じられた。神戸山口組が暴力団世界で完全には孤立していないことを印象づけたといえる。

発会式では人事が発表された。

神戸山口組の組長は大方の予想通り井上邦雄（山健組組長）だった。

井上邦雄の経歴について、ここで若干触れておこう。前にも触れたが、井上はもともと山健組系の中野会会長・中野太郎の秘蔵っ子とされ、渡辺芳則が若き日に興した健竜会に預けられ、理事長補佐の肩書をもらっていた。

一九七五年、大阪戦争が勃発し、健竜会は七八年九月、和歌山市の西口組で見張りをしていた組員二人を射殺し、四年半の逃亡生活、逮捕を経て、井上はこの事件の首謀者として和歌山地裁で懲役一七年の刑を受けた。徳島刑務所で服役し、二〇〇〇年に出所した。同年、三代目山本一廣絶縁直後に四代目健竜会を継ぐ。〇三年五月、三代目山健組の若頭に昇格し、〇五年八月、六代目山口組・司体制がスタートすると、一度は六代目山口組舎弟頭就任が決まった山健組組長・桑田兼吉が突如引退、井上が四代目として山健組を継承した。同時に六代目山口組の直参になり、「幹部」の役職をもらう。同年一二月、若頭補佐に昇格し、阪神ブロック長も兼任した。

一三年一〇月ごろ、舎弟に直るよう打診されるが、そのときは断るも、のちに分裂の年の事始めまでに、舎弟に棚上げされ、執行部を外されることが内定する。神戸山口組の分裂まで若頭補佐の役職を離れなかった。

神戸山口組の若頭は寺岡修（俠友会会長、淡路市）。若頭補佐は剣政和（黒誠会会長、大阪市）と、当時は井上組長の信頼が厚かった織田絆誠の二人だった。

一見地味な役職の副組長は入江禎（二代目宅見組組長、大阪）。入江は六代目山口組では長く総本部長をつとめた。総本部長・正木年男（正木組組長、福井県敦賀市、後出）、本部長・毛利善長（毛利組組長、吹田市）。毛利はかつての山口組総本部長・岸本才三の子飼いから六代目山口組の直参になっている。

以下、舎弟頭・池田孝志（池田組組長、岡山市、後出）、舎弟・岡本久男（二代目松下組組長、神戸市）、同・宮下和美（二代目西脇組、神戸市）。顧問・奥浦清司（奥浦組組長、東大阪市）、若中・池田幸治（四代目真鍋組組長、尼崎市、後出）、同・高橋久男（雄成会会長、京都市）、同・清崎達也（大志会、熊本県八代市）と続く。

神戸山口組の本部事務所はとりあえず淡路島の侠友会所在地に置いた。当初の方針ではあくまでも仮事務所であって、当時は神戸地裁前、三代目組長・田岡一雄の旧宅付近に本部を置くべく土地や建物を物色中と伝えられた。

注目すべきは神戸山口組が新しく決めた月会費のシステムだった。月額は役付三〇万円、中堅二〇万円、若中一〇万円と、六代目山口組に比べべらぼうに安かった。六代目山口組では、ヒラの直系若衆が支払う会費は月額一一五万円（プラス積立金一〇万円）だったから、ヒラの若衆で比べるかぎり一〇分の一以下なのだ。

さらに神戸山口組では中元、歳暮を組長に贈ることを禁止、組長は誕生日祝いをせず、組長への誕生日祝いのプレゼントも禁止となった。

六代目山口組では中元の時期、直系組長たちが分担拠出して司組長に贈るカネが五〇〇〇万円、歳暮の時期、同じく直系組長たちが分担拠出して贈るカネが一億円、一月二五日の司組長の誕生日祝いにも、直系組長たちが分担拠出して一億円を司組長に贈っていたことは前にも触れた。

神戸山口組ではヒラの直参の支払額は年間一二〇万円にすぎなかった。両派組員の本部への支払額はひどく違う。

つまり神戸山口組は弘道会支配の山口組を全否定する形でスタートした。三代目組長・田岡一雄の時代、山口組の月会費はわずか二〇〇〇円だった。田岡は自分で港湾荷役や神戸芸能社の仕事をしていたから、山口組の月会費で食う必要がなかった。四代目組長・竹中正久が四代目に就く前、支払っていた月会費は一〇万円だった。彼の短い組長在任中も一〇万円だったが、五代目・渡辺芳則組長になって、月六五万円に大幅アップした流れがある。

「田岡の時代に帰れ。組長は組の会費で食うな。そうなれば、本部に集うメンバーたちは和気藹々《あいあい》と気持ちを一つにできる」というのが神戸山口組の思想だった。が、これが肝心要《かんじんかなめ》のところで井上邦雄により違約されることは後に述べる。

九月五日には神戸山口組が各方面に送る「御挨拶」文も発表されたが、それにはこう書かれていた。

〈現山口組六代目親分に於かれては表面のみの「温故知新」であり中身にあっては利己主義甚だしく歴代親分特に三代目親分の意を冒瀆する行為多々あり此の儘見て見ぬふりで見過ごしにする事は伝統ある山口組を自滅に導く行為以外考えられず我ら有志一同の者　任俠道の本分に回帰致し歴代山口組親分の意を遵守する為六代目山口組を離脱致し　新たなる「神戸山口組」を発足し歴代親分の訓育と魂魄を忘失する事なく心機一転肝刻致し新しい神戸山口組に身命を賭す覚悟であります〉

だらだらと一つながりで意味がわかりにくいが、大意はこうだろう。

〈司組長がやっていることは自分さえよければ、直系組長たちがどうなろうと知ったことかという「利己主義」である。彼が「故《ふる》きを温《たず》ねて新しきを知る」と言って、かつての組長の墓参りをしたり、その未亡人を訪ねたりしたところで、田岡、竹中という親分たちを大事にすることにはならない。ほんとに大事にしたいのなら、先輩たちに学び、自分の生活を質素に律することだ。組の上に乗って贅沢三昧するのは大間違いだ〉

神戸山口組に移ったメンバー（六代目山口組の元直系組長）は次のように語っていた。

「今回の分裂は年貢の取り立てが厳しい悪代官に対して、直系組長たちが百姓一揆を起こしたのと同じことです」

神戸山口組に対しては、あれこれ観測が行われたが、分裂の根っこにあるのは、六代目山口組が行った集金と依怙ひいきだった。

六代目・司忍は野放図《のほうず》に直系組長たちからカネを収奪しすぎて、組長の任を最後まで全うしないうちに、直系組長たちから反乱を起こされた。長引く不況の中でもバブル期の金銭感覚を引きずっていた。

組長・司は分裂騒ぎを引き起こしたことで、天下の「山口組親分」の名を地に落としたといえる。

こうして神戸山口組は兵庫県淡路市、神戸市に本拠を置いて布陣した。勢力に優れる六代目山口組はこれにどう対処しようとしたのか。

司忍は神戸山口組の分裂騒ぎで文書を発表、九月一日、山口組総本部で開かれた定例会で直系組長たちに配ったが、そこにはこんな風に書かれていた。

〈山口組には、内紛、離脱、分裂などを繰り返して成長してきたその過程の中で、有能な多くの人材を失ってきた歴史の反省と学習があった。……

彼らは、その体験者であるのにもかかわらず、学習能力と反省が無いのかと思うと、残念でならない〉

反乱を起こされたのは起こされるだけの理由があったからだろう。自らを振り返ってそこを見ず、他を指さして「残念でならない」と言うのは、己に自省の念がないことを語っている。この際、双方に問われるのは書かれた言葉ではなく、どう行動したか、どう行動しようとしているかだ。お題目ではない。

結局、司は反乱され、分裂されても、その運営姿勢や基本施策をなんら変えなかった。

さて以上は、神戸山口組の外形的事実である。こうした外観を調えてから、神戸山口組はスタートした。

井上邦雄の決意

では、神戸山口組の分派・独立はいつ誰が言い出したのか。筆者は、最初の計画者と首謀者は現・神戸山口組組長の井上邦雄（山健組の組長を兼任）と断じていいと思う。

井上邦雄は優柔不断で知られた男である。彼はこれまでに数回も「男になれるチャンス」に出くわしながら、一度として腹を括って啖呵《たんか》を切れなかった。相手に逆襲できず、ついに「男」になれなかったのだ。

五代目・渡辺芳則が司—髙山ラインにクーデターを仕掛けられたとき（二〇〇五年七月）、あるいは配下の多三郎一家・後藤一男総長を自派の手で刺殺するとき（〇七年五月）、一三人連判状の際、冒頭の井上邦雄の名を抹消したとき（〇八年一〇月）など、井上が取った行動はすべて御身大事の保身であり、司—髙山ラインへの従属だった。いずれも抗議の声一つ上げていない。

そういう強い者に巻かれる一方の井上が、なぜ神戸山口組の発足時にかぎり、司―髙山ラインに叛旗を翻し、分派できたのか。考えれば不思議な話だが、おそらく井上は六代目山口組にいるかぎり、自分の将来はないと思い知ったからだろう。

直接的には一三年一〇月、それまでの山口組総本部長・入江禎が舎弟頭に追いやられたとき、井上も司―髙山ラインから若頭補佐を返上して舎弟に直らないか、打診されている。このとき同時に山健組の幹部の中から誰でもいい、人選は任せるので、四名ほど直参に上げるようにと打診があったという。

言うまでもなく司―髙山ラインによる山健組の分断化、若手直系組長の増加を狙った提案である。

井上はこれで悟ったにちがいない。このまま自分が司―髙山ラインによる切り崩し策を受忍しても、やがて自分は引退を迫られ、山健組は司―髙山ラインのため解体・吸収されるばかりだ……と。もはや優柔不断は許されない。男なら立ち上がり、乾坤《けんこん》一擲《いってき》、分派を立てるしかない、と。

筆者は本書執筆のため、神戸山口組の初期段階から身をもって準備運動に携わってきた四代目真鍋組組長・池田幸治（現・任侠山口組本部長）に、当時の動きについて記憶を喚起してもらった。

池田幸治は三代目真鍋組の若頭だったが、二〇一〇年二月、三代目組長・管和己が病気引退した後、四代目真鍋組組長に就任、同年三月山口組の直参に昇格した。

池田（幸治）山口組に迎え入れてもらう中で出会ったのが神戸山口組のトップである井上邦雄氏です。ほとんどそこからニコイチ（二人で一組の意）と呼ばれるくらいびたーっと一緒に、ずっと井上さんの横におったんです。

井上邦雄は当時、六代目山口組若頭補佐の一人で、阪神ブロック長だった。池田も直参になり、阪神ブロックに所属した。

池田は四代目真鍋組組長に上り、多数組員と盃直ししなければならなかったが、真鍋組の広間は手狭だった。ヤクザがホテルや料理屋を会場に借りることが難しくなっていた。

と、井上が「うちのを使こうてええがな」と真鍋組の継承盃に、山健会館の四階大広間を貸そうと申し出た。

池田　井上さんはとにかく人の心を言葉や物やカネで摑まえるのが上手な方なんです。今気づいたんですけど、その当時言われたのが、「兄弟、初代同士が仲良かったんやから、おたがい四代目同士、それを復活させようや」という言葉です。事実、初代・山健（山本健一）と、初代・真鍋（真鍋展朗。ともに三代目山口組の若中）は、ニコイチやったようです。

この言葉に私はグーッとしてもうて、継承盃の会場とか、すべてを（井上に）世話してもろうた。枝の若い人の弁当まで全部用意してもらうなど、ほんまに細やかなところまで全部してもろうたんです。（継承盃の）ビデオ録画にせい、そうですわ。本当に我々が気づかんかったところまで全部やってもらった。

なんやかんや、自分からしたら、それがものすごく重たい義理になった。何か体で返せることが、今、言うように井上氏はブロック長ですから、ブロック員の自分が（井上のために）動いてもなんら問題ないわけですよね。というとこから、始まったんですよ。

井上邦雄は人交わりの巧者だった。ことによると、そのころからいずれ来《きた》る分派の日に備えていたのかもしれない。

池田　そうですね。そういう（狙いを持った）人の動かし方、仕留め方、一言で言うたら人たらしですわ。

つき合いが始まって一年、二年経つうち、二〇一三年ぐらいから（井上組長は）ぐずぐず言い出した。井上と正木（年男。正木組組長、現・神戸山口組総本部長）。このお二人の組長が、特に井上氏が六代目の当代（司忍）、及び若頭の髙山（清司）に対してのざっくばらんに言うたら愚痴ですわ。そういう気持ちを抱き出した。おそらくそれまでは（自分の気持ちを）封印しとったと思うんです。私が（直参に）上がるまでにもそういう思いはあったんだと。その中で、まずはこのままじゃあかんやないかというところから、やんわり行ったのがこのあたり（二〇一三年）からですわ。

その二人の話の流れの中では、最初は探り合いで、どこまで考えているのか、まだ探りを入れている程度だったんですわ。

しかし、井上氏だけは、とりわけその思いが強かった。これは自分の認識ですよ、自分はそう感じた。というのは、そっから、正木、とにかくここらの気持ちを（池田幸治に）固めてくれ、ということがあった。

皆で、そのときに冗談まじりで、もう気の合うたもんばっかりが（山口組を）出たらええんや、という話が出始めたのが、二〇一三年の夏くらいからですかね。

井上邦雄が司―高山ラインから舎弟に直らんかと打診を受けたころである。それまでの若頭補佐は執行部の一員である。舎弟になれば執行部から外れる。当事者にとっては執行部から出されることが何よりつらいようだ。現状が山口組における井上邦雄の最高高度、後は下る一方と言われたなら、組を出たくもなろう。

ここで改めて気づくのは山口組における「舎弟」になる意味である。

表面、舎弟は若中（若衆）より立てられる。親分の子供（若中）より親分の弟である叔父が偉いのは当然だろう。だが、実際は「あんたはもう組に必要がなくなった、組から退いて邪魔にならんよう中二階に上がっていてくれんか」という意味なのだ。第一線を退いた窓際族。舎弟になったが最後、すっかりヤクザから足を洗った引退も間近になる。しかし、ヤクザの場合、引退で穏やかな老後を、とはいかない。

それまでに財産を蓄えていればいる分、かつての子分たちが「カネを都合してほしい」という名目で金銭を強奪していくことについては前にも記した。強請《ゆすり》、たかりのターゲットにされ、心穏やかな老後はまず望めない。

だから、山口組の幹部たちは、舎弟への打診や発令に内心反発し、謀反を受け入れやすくなる。井上邦雄、入江禎、池田孝志、寺岡修、正木年男などおおよそが舎弟の立場であり、七〇前後の高齢者でもある。

井上邦雄のよき話し相手として登場する池田孝志は大石組（岡山）若頭から抜擢され、一九九二年に山口組の直参に昇格した。九三年、組長秘書に就任し、六代目発足と同時に「幹部」という役職に進み、二〇〇七年一一月、若頭補佐の一人になり、中国・四国ブロック長もつとめた。二〇一三年一〇月、舎弟に直っている。

池田孝志は岡山県下に貸しビルなどを何棟も持ち、金持ちヤクザとして知られるが、他面、財力だけではなく、ヤクザらしい男として任侠山口組などでは評判がいい。相手が誰だろうと、問題点をズバリと言ってのける。男っぽいヤクザだという定評である。

正木組（福井県敦賀市）組長・正木年男は五代目・渡辺時代、舎弟だった中谷組組長・中谷利明（岐阜）の引退に伴い、中谷の地盤を引き継ぐ形で山口組の直参に昇格した。

ほどなく実務能力の高さを買われ、組長秘書の一人になる。六代目・司体制になると「幹部」に用いられ、〇六年一一月、若頭補佐に昇進、同時に中部ブロックのブロック長にも就任した。一二年四月、本家室長になり、一三年五月、舎弟に直った。ヤクザとしては珍しく弁が立ち、物識りで「常識人」だとされている。広報的な仕事を得意とする。筆者は分裂後、何度か正木と顔を合わせ、取材している。

池田（幸治）要は、井上、正木からそのへんの言葉が出てから、とにかく自分がほんまに気を遣うくらい、この二人が密になった。

正木がわしにこうしてくれ、と。わしがなんでこんなことせなあきませんの、と言うたら、いやいや、まだ聞かしたら、あかんからって、二人が言うわけです。

なんでか知らんけど、井上氏はどんな場合でも、私だけは絶対横に置いとったんですわ。一部始終を、聞かしとったんか、聞かせたかったんか。私を動かそうと思っとんですわ。この二人の話で、特に、ヤマ場に入るまでは、正木がとにかく不平分子で、自分から聴いてたら個人的な感情も入ってましたね。

それに対して井上氏も同じくらい、あるいはそれ以上、お互いこう言うたら、ああ言うで、だんだんヒートアップして行って、二人がかなり熱（恨みつらみの念）を持ってましたね。特にその部分に関しては、正木はホンマに名古屋（弘道会ライン）に対して、ものすごい熱を持っていると思いました。

二人に岡山（池田組組長・池田孝志）を加えた三人は、要するに酒飲み友達、ガス抜き友達なんです。だから、サンコイチ（三人で一組の意）で、最初は仲良しグループやった。上手に（井上邦雄の）ガスを抜いとった。ガス抜き役の二人やった。

井上氏には多三郎事件（前出）やらいろんなことがあったやないですか。ところがそこから正木が、役割が変わっていった。それまでは酒飲んでガス抜いて、特に花隈のトップのガスを抜いていた。「まぁまぁまぁ」とか、「そんなこと考えたらあかん」とか言って。

なぜ恨みを持ったかというと、正木はいちばん人前で髙山さん（山口組若頭）にカマシをやられた。ぺっちゃんこにされたのが正木やった。

また五代目・渡辺組長の時代、同じ中京ブロックで、司ブロック長の下で使われてきた。そのときの不平不満。六代目山口組に対する不平不満と、高山に対する恨みつらみ。三人でいつも酒をくらっとったわけですけれど、正木さんと池田（孝志）さんとはちょっと違う。そこが大きく分かれるところです。

後ほど言いますけれど、池田さんはだから当時、そんな馬鹿なことを考えたらあかんと蹴ってるんですよ。「（山口組を）出る、出ん、（出ることは）無理じゃ」と。

「イーさん（井上のこと）、ゆっくりせい。わしは堅気の事業をする」と。亡くなった高木（のちに二〇一六年五月、弘道会系組員に射殺される池田組若頭・高木忠）にあとを譲って事業をしたいと、こう言っとったんです。

正木の思いは、やっぱり違う。井上氏からしたら、この二人は絶対必要なんですね、五代目時代からの流れで。お二人とも、「井上（邦雄）のこと頼むわなと、横におったってくれな」と五代目（渡辺芳則）から言われ、それが耳にこびりついとったんです。

特に岡山の池田（孝志）さん。五代目に直接「最後まで頼むわな」と言われとんですわ。池田の組長は、ものすごいその辺のことを通す人なんでね。五代目の言葉を重んじて。わかりました、と。井上をどんなことあっても助けていかな、守っていかなあかんのや、と。そういう気持ちに駆られとったわけですわ。

だから池田さんは、心配の中の、責任感から、酒飲んでのガス抜き役を引き受けた。年齢も（井上より）三つくらい上で、（ヤクザとしても）五厘くらい井上氏より上だった。気持ち的にもお兄さんだから、花隈のことを「イーさん」と呼んでいる。

ところが正木は違う。表面はそやったけど、裏に個人の恨みつらみがあります。で、山健組の組織力、財力……より戦力。これを意識しながら、ずっと横について、二人で密談を、表向きは三人で酒を飲んだりするけれども、終わったら正木と井上、二人の時間がある。自分がおらんところでも二人でずっと、密にやってましたから。

三人がどうだったのか、おおよそ当時の雰囲気をおわかりいただけよう。

二〇一四年の二月、三月ごろまで、こうした段階が続いていく。その後、反乱メンバーの勧誘と計画の具体化が始まる。その際、大きなポイントになったのは俠友会会長・寺岡修が脳梗塞を発症して一一年一一月、舎弟に直り、執行部から外されたことである。寺岡は自動的に阪神ブロックに所属替えになり、自然、井上との距離が縮まった。

池田 人前で誰がおろうが、花隈は（寺岡を）「叔父さん、叔父さん」と立てて、立てて、立てまくった。カネから物からプレゼント攻勢。たいていの人はコローンとなる。寺岡さんはどっちかいうと、髙山さんからよくしてもらっている。本来は名古屋寄りの考えの寺岡さんを、グーッと寝返りさせることに成功した。

蘇える五代目の遺訓

俠友会・寺岡修は一九九二年、西脇組から直参に昇格し、総本部当番長、組長秘書をつとめ、六代目山口組発足で若頭補佐に就任した。中国・四国ブロック長、〇六年から大阪北ブロック長をつとめ、一一年舎弟に直った。同時に阪神ブロックに所属替えになり、ブロック長の井上と親しく口をきく間柄になる。

若頭の髙山清司は寺岡について、六代目発足後すぐに「寺岡は人たらし、気をつけよ」と言ったという。

また井上については「優柔不断、ここ一番よう決断せんから見とってみ」と最初に言ったとされる。高山は人の本質を素早く見て取る眼力を持っているようだ。

池田（幸治）　入江の副長と池田（孝志）の舎弟頭がね、なぜか波長が合うんです。二人ともずばずばっと物を言うタイプ。池田の舎弟頭が人前ではっきり言うたのが、「自分は執行部なんか上がるつもりなんてなかった」、これは本音と建て前で、皆言います。そんな気がなかったなんて言いますけど、池田さんの場合は今の副長（入江禎）に（六代目山口組若頭補佐に）上げてもろた。はっきり言いました。そういう関係やった。

だから花隈のトップが抱えた多三郎事件（前出）でもかなり入江の副長、当時の総本部長に助けてもろってます。このとき池田の舎弟頭が陰で「（井上邦雄を）助けたってほしい」と絶対（入江に）言ってます。

（井上邦雄にとって）最大の危機でしたから。ホンマはあれ（井上が）絶縁（処分を食う事件）です。あんなこと（つまり井上組長は自分の配下である多三郎一家総長・後藤一男に山口組若頭・高山清司の殺害を指示、それが発覚、失敗すると、「わしは知らん」と保身に走った上、健國会会長・山本國春をして、口封じのため後藤一男を殺させ、最終的には山本國春に法的責任を取らせた事件、とする兵庫県警の見方がある）。多三郎一家ね。なんていうこと（をやらかしたん）や、と。

（しかし、井上を処分するのは）得策じゃない、と。山口組のために。なぜかというと、そんだけ（山健組は）戦力なんです。これ（庇ってもらえるの）も、だから五代目の遺産なんですけどね。ふつうやったら即日絶縁ですよ。

（録音）テープにはっきり証言が残ってましたから。極心（連合会会長・六代目山口組若頭補佐・橋本弘文）が千日前（入江禎の事務所の所在地）に持って行った。ほんで（井上は）呼び出しくろた。ボンと証拠をつきつけられた。

ホンマはそこで（井上の）ヤクザ生命はアウトです。だけども、当時の総本部長（入江禎）は、山口組の親方（司忍）が留守中（服役中）で、頭（髙山若頭）にいかがなもんかと。これはおさめなあかんやろと。ここでもし絶縁言うて、（井上邦雄が）叛旗翻したら大変やと、得策じゃないと。大きい意味合いでここは次はない、リーチやぞというところの収め方をしているんですけど、そのとき池田の舎弟頭の働きかけもあったでしょう。

要は、井上、池田、正木、この三人が祭り上げたのは、髙山（若頭）じゃなしに、入江の副長なんですよ。ここらは皆師弟関係にあるわけですわ。皆は頭の髙山を担がなあかんけど、わしらは違う。わしらは入江やと。いうので、この三人がピタッと手を握って、今の副長、入江の組長（二代目宅見組）を担ぎあげたんですよ。

当時（入江禎）はまだ総本部長、後に舎弟頭になったんですけどね。人前でもこうなってましたから。なんかいろんなことがあった。

もっと言えば、後藤忠政騒動のとき、あのときにも（井上邦雄は入江に）助けてもらった。だから（名前を「連名談判状」に出していながら）処分されなかった、私はもうあの人（若頭・髙山清司）、大したもんでっけど、敵ながらあっぱれですけれど、面白い人やなと思ったのが、井上の（「連名談判状」に名を連ねた）計一四人ですかな、（井上は）連名に名を出して、（その後）わざとペケつけとったでしょ。（今回はないよ、しかし）次はないよ、という意味だったと思いますよ。そのときも入江さん（が助けた）。

だから今も、（神戸山口組という）船に乗せといて、こないして（入江禎さんの）プライドをぺっちゃんこにしたんです（これについては後述する）。絶対したらあかんことです。

話が戻りまっけど、入江さんを（神戸山口組のトップに）担ごうと、神輿にして。

それを入江さんが「俺ではあかん、わしが逆に担ぐ」となったんです。最後の最後ですよ。

こっから大きく流れが変わった。俠友会（寺岡修）は西日本のパイプもありましたから。ほんで人たらしの人に共通するのが、表面的なところもあるんだけど、人気がある。寺岡さん。これがまたキーの人です。

寺岡さんが、奥浦（清司、奥浦組組長＝東大阪）の顧問を口説いた。奥浦の顧問が、いったんは泣きが入ってカタギになっていた須之内（祥吾）・東生会（会長＝大阪淀川）と、澄田会（会長）の竹森竜治（大阪港）を一〇月に、連れてきましたから。功績と言うたら功績でしょうね。

黒誠会（会長）の剣（政和、大阪北）。黒誠が連れてきたのが、毛利（善長、毛利組組長＝大阪吹田）の本部長。京都の高橋（久男）・雄成会（会長）、この二者が続きます。

実は筆者は二〇一四年一〇月、山口組の元直系組長の紹介で都内のホテルオークラ東京で現役の直系組長の一人に会った。それまでは面識がなく、このとき初めて会った人物である。ここで彼の名を明かすわけにはいかないが、これに先立つ叙述で、何人か名前が出たが、そのうちの一人。神戸山口組の幹部である。

この直系組長は、弘道会支配が強まる山口組の情況を語った後、

「すでに考えを同じくする者たちが定期的に会合を持っている。我々が立ち上がる以上、絶対、弘道会側に潰させるわけにはいかない。潰されないだけの準備をしっかり固めて立ち上がります」

と漏らした。

今思えば、この前振り的な打ち明け話(神戸山口組発足の一〇ヵ月前)は、直系組長が独自に決めたことではなく、半ば神戸山口組の形ができ始めていたグループの組織決定に従ったものだったろう。いわば広報的な狙いを持ち、将来、神戸山口組が発足した暁には、筆者によき理解者であってほしい、と願ったのではないか。

事実、神戸山口組の発足後、全メディアが情報パイプを持っていない中、筆者だけはこのときの直系組長を通じて、神戸山口組の人事や会費額など最新の情報を入手し、それを記事化することができた。

さて、この直系組長の話を聞きながら、筆者は半信半疑でいた。仲間うちの会合を重ねながら、組長・司忍や若頭補佐・竹内照明に知られずに済むのか。すでに若頭・

高山清司は四〇〇〇万円恐喝事件で判決が懲役六年の有罪となっていた。一度は最高裁に上告したが、この年の五月に上告を取り下げ、大阪拘置所に拘置されていた。

高山若頭の「社会不在」は蜂起勢にとってプラス材料だが、ヤクザはさほど口が固いわけではない。仲間うちのおしゃべりから事前に構想が漏れ、弾圧されるのではないかと危ぶんだのだ。

当然のことながら、筆者はこのとき聞いた反乱計画を記事化しなかったし、誰にも口外しなかった。だいたいまだ現実化していない「蜂起・分裂する計画がある」などといったことを記事化できるわけがない。またどちらに味方するわけではないが、私のせいで彼らの計画が潰れるとすれば、寝覚めが悪すぎる。

この直系組長のことはほぼ忘れた。時々は思い出したが、蜂起・分裂計画は「その後どうなりましたか」などと聞けるものではない。それでは催促になってしまう。

二〇一五年の四月になって、筆者は情報会社をやっている友人から、彼のもとに寄せられた匿名の手紙を見せられた。すぐこれは直系組長が話していたことと同じだと気づいた。

以下、この手紙の要所をご紹介しよう。

〈そんな中で今の六代目体制に納得していない人間たちもいるわけです。その人間たちが密かに集結し、新しい山口組を作り直すために会合が行われているのです。今回、弘道会の竹内（照明）氏が（山口組の）幹部になり、いくらもたたないうちに（若）頭補佐に上がりました。執行部入りです。このままでは七、八代目まで名古屋（弘道会のこと）に主導権を握られてしまう。誰の目にも明らかです。ここはもう一度座布団を取り戻すしかないと謀反の計画が進められているのです。

そのメンバーをリークします。現在も週に一、二回神戸を出た後に密かに集まり、会議が行われています。そのメンバーです。（メンバー名は略す）〉

この手紙に目を通して、私はインチキではないまでも、山口組の直系組長ではない下位の組員が書いたにちがいないと見た。文中、蜂起側に立つとはとうてい思えない名前が三人も含まれていたからだ。今だから言えることだが、私の判断は二人については正しく、一人については完全に間違っていた。間違ったその一人とは〈この会の議長が宅見組の入江氏〉の部分である。

元の山口組総本部長・入江禎は司、高山による山口組の絶対支配を助けた協力者である。出身は別だが、むしろ弘道会側に立つ人と筆者は見ていた。そういう入江が蜂起側に加わるはずがないと思い込んでいたのだ。

筆者はこうした体験を池田（幸治）への取材中、披露したが、池田は「完全に符節が合う。一四年一〇月ごろ、おおよそ主たるメンツが揃った段階で、外部に対しても動き始めたこととの一環だったろう」と判断した。

脱線したが、インタビューを続ける。

池田（幸治）それでもう一個、旗揚げのポイントがあります。井上邦雄の「一人でもやります」という言葉で、（池田孝志舎弟頭が）五代目（渡辺芳則）から預けられている言葉（「井上の面倒を見てやってくれ」）が蘇ってきたわけですわ。

（井上邦雄が分裂計画で）あんまりしつこいから、（池田は）条件を出したんです。まず、最低三〇団体（を新団体に参加させること）。もう一つはこっちの方が大事だったかもわかりません。千日前（入江禎）が（計画に）乗ること。この二つは絶対に譲れん。これを二つクリアしたら、腰を上げると言いました。

なぜ入江は動いたのか

二〇一四年五月二六日、若頭・髙山清司は最高裁への上告を取り下げ、四〇〇〇万円恐喝事件で服役することを覚悟した。髙山の服役は旗揚げ計画に関係したのか。また、なぜ髙山はその時点で上告を取り下げたのか。六代目・司忍の後は自分が七代目組長にという思惑があったのか。

池田　大ありです。関係してます。

髙山さんは七代目確約の話ができた上で、はよ行って、はよ帰ってきて、という話や、と自分は思っているんですけどね。六（司忍）との話じゃなかったら、急に決心しませんよ。

なんせあの慎重で、石橋をホンマ叩いて前に進む今の入江の副長、当時は入江舎弟頭が、乗るというのはホンマはあり得ない。こっち側からしてもあり得ない。池田の舎弟頭は、発足時の状況やったら、事業に行きたかったと思いますよ。だけど、それを口説きましたもんね。千日前（入江禎舎弟頭の事務所）詣でしたのが剣さんと私。

一生分行きました。山口組のため、若い者の未来のため、将来のためというあの名文句を唱えて。寺岡さんもだいぶ（入江の説得に）行きましたな。

人たらしの横綱（井上邦雄）と、人たらしの大関（寺岡修）が組んだんです。寺岡さんが大関。やっぱうまいでんな。うまい。しかも、花隈のトップ（井上邦雄）が「自分を担いでくれ」とは言わない。入江舎弟頭に「神輿になって下さい。わしらにそれを担がせて下さい、お願いします」と言うた。そういう口説き方です。

あの人（入江禎）もヤクザっぽい。

「本当に山口組のためやな。若いもんの未来のためやな」と。

「わしらは六代目山口組から絶縁を受ける。汚名を受ける。ほんまに若いもんのためなんやな」

と、大義を何度も確認して、

「よし、ほんなら立ち上がろう。だけど担がれるのは俺じゃない。井上を担ごう」と。

参謀としてね。最初は断りながら、受けた。

井上の組長からしたら、思う壺ですね。最終的に、渋々「わかりました。お受けします。ただし最初の五年間は入江の舎弟頭の言うた通りにします。お願いします」と頭を下げた。

入江禎は最初、六代目が自分を本部長にした、ということは、自分が司や髙山を道案内して、六代目体制をしっかり固めないといけないと思ったのではないか。ちょうど宅見組の先代、宅見勝が若頭として五代目・渡辺芳則を道案内（実際はコントロール）したように。自分も司、髙山を支えるという思いがあった可能性がある。

入江としては先代の宅見とは異なり、六代目・司にべったり密着したかったかもしれない。しかし、司—髙山—竹内のラインは弘道会出身ではない入江を排除して仲間に入れなかった。入江を使えるだけ使って、用なしになれば、舎弟頭という最低限の名誉だけ与えて放り出した。入江は弘道会の仲間内には入れず、ヤクザとしてやり残し感があった。そこに神戸山口組計画をぶつけられ、最終的には参加しようと決意する。

池田　入江さんは別格で、司、髙山からも大事にされていた。それとプラス、「おい、竹内(照明。若頭補佐、弘道会会長)」と呼び捨てにして、「はい」と竹内が答えるのは、入江の副長に対してだけやった。

だから割って出て(神戸山口組を創立して)すぐ竹内から電話がかかってきた。「叔父貴、お願いします、帰ってきて下さい」と。もう(六代目山口組から)絶縁状が出てんのに、竹内が入江の副長に電話してきたでしょ、ホンマの話なんです。

早くも揺らぐ最高幹部

神戸山口組が発足するとして、どうしても中心となるのは、組内最大勢力の山健組である。山健組がしっかり一枚岩でなければ、他団体も安心して参加できない。具体的には山健組ナンバーツーの若頭の力量と、組員把握力がしっかり確立していなければならない。

山口組では、そのときどき組の戦力の発動を決定し、実行するのは若頭の役割である。もちろん最終的に戦力の行使は組長の専権事項だが、若頭は組長と密かに謀議の上、敵への攻撃を企画、実行する。

山健組では二〇〇七年発生の多三郎事件当時、渉外委員長だった健國会・山本國春が事件直後に若頭に昇格していた。山本國春は若頭として実力、実績があり、やる意欲も十分で、次の五代目山健組組長は山本國春だろうと見られていた。

だが、多三郎事件で山本國春は一〇年四月、組織犯罪処罰法違反容疑で逮捕された。警察は当初から多三郎事件は健國会が企画、実行したと見ていた。事実、健國会の若頭で賢仁組組長・川田賢一に対しては、一二年三月、やはり組織犯罪処罰法違反で懲役一九年の判決が言い渡されていた。

山本國春は一二年二月、裁判員裁判の一審で「殺害の直前に、指揮役に連絡を取ったと断定できない」とされ、無罪判決を得た。だが、一四年一月の控訴審判決では一審の無罪判決を破棄、懲役二〇年の逆転有罪判決を言い渡された。山本國春の指揮命令に基づかずに犯行が行われたとは、きわめて不自然で、通常はあり得ない、と結論されたのだ。

山本國春は二審判決を不服として最高裁まで争ったが、一五年六月、最高裁は上告を棄却、二審の懲役二〇年が確定した。山本としては判決を少しでも有利にと考えたのだろう、判決前には若頭の座を返上、山健組も退いて堅気になったのだが、それでも懲役二〇年の有罪判決は覆らなかった。

というわけで、井上は次の若頭として暫定的に伏見繁造（現・山健組顧問）を置いていた。だが、伏見では神戸山口組がいよいよ海に乗り出すに当たっては不安であり、六代目山口組、なかでも弘道会相手に戦えるか、山健軍団を動かせるか、疑問だった。組員が納得できる若頭を立てなければならない。

このとき、今初めて明らかになることだが、井上邦雄は一時期、織田絆誠を山健組の若頭に据えることを考えていた。

池田（幸治） それと、岡山の池田舎弟頭が、もう一つ条件を付け加えたんですわ。「花隈は一つにまとまっとんのか」と。「まとまってなかったら、我々は花隈にもたれていかんと無理や。花隈がまとまっとらんかったら、あかん。イーさん、ちゃんとまとめてくれてんのか」という課題を、本人は前から持っとったわけです。

その伏線があって、若頭の話につながっていくんですけど、花隈のトップ（井上邦雄）は間に合わせでとりあえず若頭に伏見（繁造）を置いた。

その後にこういう分裂騒動（神戸山口組の旗揚げ）が起きた。これはしっかり体制を組まなあかん。さぁとなったときに。

自分の聞いたそのままを言いますわ。

「織田を（山健組の）頭に」という話が酒梅（組）の吉村（光男、九代目酒梅組組長）の叔父さんから、朝の九時前ですわ、自分に電話があったん。

電話があったその一日前に、（井上邦雄）本人から聞いたんですわ。（若頭のことは）ちゃんと考えたから、と。その次の日に、酒梅の吉村さんから朝、自分に電話があって、今日、言い渡すから、もう頭は織田で行くって、（井上）本人が言い切ったから、と。

その当時、まだ吉村さんは自分のことを真鍋の組長と呼んでましたから、「組長、これで安心や。もう間違いない。おそらく昼までに呼ばれると思うから」という電話をもろうた。

自分が「間違いおまへんか」と。「間違いおまへん、きっちり聞いとりますから。はぁこれでよかった、頑張って下さいよ、神戸山口組のためにうち（酒梅組）も立ち上がったんやから（若頭・高山の後見を一方的に切った）、頼んまっせ」と。ということで電話終わったんですわ。

すぐに自分は今の代表（織田）に電話を入れて、「今日昼、（井上に）呼ばれますよ」

と。

代表にはその直前、健國（会の元会長）の（山本）國春さんから直接電話があった。「ようやく（井上は）決心してくれた。これで安心や」と。まだ代表は半信半疑で、「ホンマですか」と、（井上は）優柔不断な人ですから。「わかった、そう（織田を若頭に）すると、（井上が）ようやく言ってくれた」と。國春さんも喜び、安心していた。「じゃあ、中田（広志、現・山健組若頭）はどうするんですか」と代表はそう聞いたんです。そしたら國春さんは、「あれは（山健組の）本部長をさす。本部長で、仕事があるんや」と。「健竜（会）の金看板で、どっぷり（カネを）持っとるから、今度こそ使わせなあかん。まったく使わん。本部長のそれも役割や」と、こうなったんです。

吉村さんはここ十数年間、毎朝電話で井上と「どないや思う」「こない思う」「ああしよか、こうしよか」という間柄です。そういう吉村さんが、自分に電話して、「今日の昼、織田を呼んで頭にと言い渡す」と。

代表は直前に健國から聞いてます。「そうですか、いよいよ――。微力ながら名古屋を相手に頑張ります」

で、案の定（織田は井上に）呼ばれたんです。山健会館三階の小会議室に呼ばれた。なぜか正木がそこにおるんです。テーブルに頭を擦り付けんばかりに頭下げてくる。で、なんて言うたか。そんとき、「織田ちゃん」と言うたらしい。「織田ちゃん頼む、神戸の頭になってくれ、この通り」と両手をついて言うたんです。自分が補佐をする、と。で、代表は「えー、何の話ですか」て。山健（組）の頭を言い渡されるという腹で行ってんのに、神戸（山口組）の頭。どこでどないなっとんのか、頭真っ白になった言うてました。もちろんその席に（井上邦雄は）おります。

で、（井上は）こう言うたんです。「織田、男冥利だ、ヤクザ冥利だ」と。「今この大事なときに、正木の会長をはじめ、叔父さん方が織田を求めている。これは男冥利なんだ。これは受けな男じゃない」と。

よう考えたら、これ二人（井上と正木）で役者しとったんです。代表は、もちろんお断りしますよ。

「自分みたいなもんが（神戸山口組の若頭に）なって、どうするんですか」と。

代表はずっと自分と、道中一緒にしてましたから、（若）頭は淡路の寺岡さんだ、と伝えてましたから。

んです。

「頭は寺岡の叔父さんじゃないですか」「いや、皆が織田を求めてる」と、こう言うんです。

「ちょっと待って下さい、まず一つは、それをしたら、名古屋と一緒になるじゃないですか」と代表は言ったわけです。

六代目山口組はこれまで繰り返し述べてきたが、組長と若頭を弘道会から出した。神戸山口組も組長が井上邦雄、若頭が織田絆誠ならば山健組同士になり、弘道会を笑えないという意味である。

池田　代表は続けて、「もう一つが、自分みたいなもんがなったら、神戸山口組が一気に軽くなります。寺岡の叔父さんが頭をすることで、やっぱり重みが出る。それに西日本との（他団体との）外交もあるじゃないですか。（寺岡は）俠道会（広島県尾道市）の池澤（望）会長と兄弟分ですから。いろんな意味で、頭は寺岡の叔父さんである。自分みたいな若造にはとんでもない」と。代表はそう言ってお断りした。

井上邦雄は、織田にはどうしても山健組の若頭をやらせたくなかった。織田にはたしかに人望も実力もある。だが、井上にとっては織田はもともとが倉本組出身の外様なのだ。山健組の若頭は巡り合わせさえよければ、やがては山健組の組長になる。山健組は多数の組員を擁し、その組長という座は井上にとって利権の塊なのだ。利権の塊は、よく言うことを聞く中田広志に渡した形にして、実際には実権を渡さない、もしくはそっくり利権を自分に運ばせる。織田だと、そうはならない。やれ会費を下げろ、山健ビルなど不動産を売れ、山健組員は襟を正せなどと言い出す。おまけに正論だから、処置に困る。

井上はいったんは織田を山健組の若頭にと決めたものの、やはり神戸山口組の若頭にとすり替えようとした。

池田　（織田を）山健の頭にさせないすり替えですね。このとき、何も話を聞かされてなかった入江さんと岡山が猛反対、岡山と正木が大ゲンカになっている。正木とこうして猿芝居をして、代表（織田）を縛って、神戸山口組の若頭に就くことを呑ませようとした。手が込んでいることが、後になってわかったんですけども、酒梅の吉村さんのおる前で、正木さん、井上さん、三人でおるときに、正木に「親分、織田を下さい」てやらせた。「いやあ、その手がありましたか」という承認式。ちゃんちゃらおかしいですよ。猿芝居。それを吉村さんが本気にしてしまいましたから。

ほんで、今度、東生会の須之内。森尾と江口が東生会の事務所にまで乗り込んで、カマシを入れて、「引退、堅気になります」と約束させられた。(二〇一五年八月、神戸山口組が発足し)フタを開けたら直参三〇人どころか、わずか一五人、それも二、三日で一三人になった。岸本組も発足直前に寝返りましたから。山健を入れてわずか一三人。今だから言いますけど、神戸山口組に来たものの、黒誠会はほぼ(組員がおらず)からっぽ。松下組もほぼからっぽ。西脇組もほぼからっぽ。つまり親方だけが神戸山口組についてきて、若い衆はみな出ていった。松下組と西脇組は、代表が九、一〇、一一月と全国を回ってから、一度出た者が逆に戻って来よりましたが。

さらにこんな情報もある。井上が頭が上がらない「ある女性」から「跡目を中田に」と言われ、わかりましたと返事をしてしまった。どうしよう……頭が痛い。この話は正木、岡山の池田、寺岡、入江の四人が井上から直接聞かされたという。だから三つの改革案のうち三つ目の「内政干渉になるので山健の跡目は中田でよいが」という奇怪な言い回しになったのだという。

これが神戸山口組の実態だった。織田絆誠は神戸山口組の若頭代行になり、山健組の副組長にも就いて、全国の組織を督励して回った。結束を強化し、意気を高め、直参一三人を二五人へと増やすことに成功した。退勢をなんとか挽回、六代目山口組より増勢を強めたのだ。

なお任侠山口組は二〇一七年八月二七日、尼崎の真鍋組本部で、発足以来二回目の記者会見を開いた。神戸山口組が任侠山口組について流すデマがあまりにもひどく、黙視できるレベルではなくなったからという。黙って耐えていれば、相手が言い立てるウソを自認することになる。裁判で争うのも迂遠すぎる。

そのため公開の記者会見で反論し、神戸山口組の、とりわけ組長・井上邦雄と総本部長・正木年男に、非を鳴らすことになったと見られる。この記者会見には報道関係者ら約三〇人が参加し、任侠山口組の本部長・池田幸治が神戸山口組がどのような経緯で成立したか、三〇分ほど説明した。

その中で池田は井上邦雄を助手的に支えたいきさつも語っている。

「（井上には）まる六年忠誠を尽くさせていただきました。当時、花隈の山健組本部と、隣接する山健会館には、六代目山口組の直参はほぼ寄りつかず、寄りつく者は、六代目山口組本家において冷や飯扱いという空気の中で、髙山若頭に睨《にら》まれ、人前で叱責され、周りの兄弟分からは『花隈に近よらない方がいいんじゃないか』と忠告してもらいながら、週に三日、多いときには連日、（井上に）呼ばれるたびに、その日の予定をすべてキャンセルしてでも飛んで行ったものです。

まさにわが親と思い、身体に井上邦雄の文字を刺青として刻み込み、それこそ言われるがまま神戸山口組立ち上げまで、名古屋の目をかいくぐり、汚れ役はもちろん、井上のスパイじゃないかと揶揄《やゆ》されながら、この人のためならと、身を粉《こ》にして働き続けました。今、こうして事の真相を公表せざるを得ない立場であるわが身を思うと、心中複雑かつ残念な思いであります」

本部長・池田幸治は、井上邦雄がどのようにして神戸山口組が掲げた大義を裏切ったかを主題に話したのだが、それについては第七章でお伝えしたい。

第六章　六代目と神戸の和解工作　権謀渦巻く水面下の駆け引き

六代目側のデマ

六代目山口組から神戸山口組が分裂してほぼ一〇ヵ月後、両派の間で和解交渉が持たれた。それまで両派に和解の前兆となるような動きがあったわけではない。「和解交渉」には降って湧いたような突飛感があったが、「和解交渉」が漏洩《ろうえい》し、世間で話題になるに及んで、まず六代目山口組側が二〇一六年七月五日発売の「週刊SPA！」（七月一二日号）掲載の記事「『ヤクザジャーナリズム』の功罪」にコメントを出した。

見開き二ページの同記事には「矛先は暴力団報道の第一人者に――〝菱のカーテン〟の知られざる内幕」「山口組総本部が異例のコメント発表！」とサブタイトル的にうたっていた。

記事の主要部分を摘記すると、

〈これまで、和平の道がなかったわけではない。射殺事件（後出）が起きる前に両団体の幹部同士が顔を合わせて交渉する席が設けられたという話が漏れ伝わった。六代目山口組側からは高木康男・清水一家総長、神戸山口組側からは織田絆誠・若頭代行が出席し、落としどころを話し合ったとされる。この会談について、二次団体幹部が語る。

「山健組の若頭補佐の1人が清水一家の重鎮に『高木総長にご相談があります』と連絡を入れたのが発端だった。『織田と会っていただけないか』との申し出に、全権を委任された立場で来るなら話を聞こう、と会ったのは事実。ただし、いざ会ってみると何の権限も持たず、『どうすれば（山口組に）戻れますか』と聞いてくる。六代目山口組としては『ポツダム宣言なら（全面降伏するならの意か）受け入れる。若い者は救えても絶縁者は救えるわけがないだろ』と蹴って終わった」

こうした六代目山口組側の言い分に、神戸山口組側は「事を真逆に伝えるもの、悪質すぎる」と反応した。

たしかに「二次団体幹部」やらの物言いは上から目線である。和解交渉の経緯も主客を逆にして、まるで六代目山口組が最初に和解を持ち掛けるなどあり得ない、そんなことは六代目山口組の沽券《こけん》にかかわるといった態度である。

同誌の記事が出た直後、神戸山口組の総本部長・正木年男から筆者のもとに電話があった。神戸山口組の発足以来、正木には何度か取材で顔を合わせている。

正木は言った。

「織田を出すので、和解交渉の実態がどうだったか、話を聞いてもらえないか。『SPA！』の記事では、『二次団体幹部』とか『責任ある幹部』とか書いて、名を伏せているけど、たぶん編集部と接したのは『幹部』の髙野永次（六代目山口組系三代目織田組＝大阪市＝組長、組織委員長）のはずだ。髙野は事実を逆に伝えて世間を誤解させようとしている。やることが汚すぎる」

筆者は正木の言い分をもっともと思った。以前から織田に会ってみたいとも思っていた。正木の話は渡りに船である。

七月一二日、神戸市で織田絆誠にインタビューした。織田と言葉を交わすのはこのときが初めてだった。

織田を取り巻くように正木年男、若頭補佐の剣政和（二代目黒誠会＝大阪市＝会長、懲罰委員の一人）が同席していた。

問題の記事はサブタイトルで臭わせている通り、記事の半分は筆者への批判を六代目山口組幹部に言わせている。筆者が神戸山口組寄りで、六代目山口組や弘道会に対しては否定的だと文句をつけ、また筆者の「カネ問題」を持ち出している。

同誌の記事を引用する。

〈溝口は息子が刺された件（これには編集部の注がある。後出）で山健組に使用者責任で裁判を起こしたやろう。これが和解金500万円で手打ちにしてしもうたんや。けどな、これとは別に井上から2000万円が出ていると井上自身も言うてた。溝口が情報源にしとる正木（神戸山口組総本部長）もな。その後からや、『六代目山口組は名古屋方式』とかトバシの記事書き出したのは〉

「息子が刺された件」の編集部注には、欄外に細字でこう書かれている。

〈'05年12月、渡辺芳則・五代目組長引退の内幕を暴くルポを月刊誌に溝口氏が発表すると、内容を巡り山健組と衝突。直後の'06年1月、山健組組員によって溝口氏の息子が刃物で刺される事件が発生した。溝口氏は山健組井上組長を提訴。使用者責任を巡

る裁判として注目され、最終的に和解に至った〉

「ＳＰＡ！」編集部は事前に、筆者に反論コメントを求めていたから、同号記事には、筆者の比較的長めのコメントが掲載されている。ここでは筆者の論駁《ろんばく》のうち、カネの部分だけを同誌から引用しておこう。

〈「あとハッキリ言っておくが、私がお金をもらうのはメディアからだけだ。息子を山健組に刺された事件で組長の使用者責任を問い、山健組に裁判を起こし、裁判長の勧めで和解した際に和解金は受け取ったが、これは分裂の前、８年も前の話。裁判は息子刺傷事件に対する損害賠償請求訴訟であって、もともと山健組からお金を取ることを目的としている。和解金をもらって何一つ恥じる必要はない。

和解金と私の筆先は無関係だ。それを言うなら、山健組は息子を刺した憎き仇という考えはどうすると言いたい」〉

筆者は、筆者に関する部分に限っては「ＳＰＡ！」に最低限の論駁をコメントとして載せたから、同誌の発売後、同誌記事に対して反論する必要を感じなかった。

だが、神戸山口組側は六代目山口組から一方的にウソを言い散らされたのだから、当然、反論し、事実はこうだ、と訴えたい。筆者にも理解できることであり、読者にも和解交渉の実態がどうだったか、興味と関心を持ってもらえるテーマのはずだ。

実際に筆者は織田をインタビューした後、「週刊現代」（一六年八月二〇・二七日合併号）に〈神戸山口組「戦闘隊長」織田絆誠・若頭代行がついに実名で語る「六代目vs.神戸　分裂の真相とこれから起きること」〉を見開き四ページのスペースで書き、公表した。

同誌記事では紙幅の都合で割愛し、詳細を伝えられなかった部分がある。しかし、これに目を通した者には、どちらが真実を語っているか、自ずと明らかだったはずである。詳細な経過報告には創作できない真実性があり、たいていの者には、六代目山口組側が語るちゃちな経過など、ウソ、デタラメと一目で看破できる。

なおこの織田インタビューには、和解交渉の経過や内幕以外にも、見過ごせない論点がいくつか浮かび上がっていた。

一つは、当時、織田は神戸山口組の執行部を代表して、名古屋を皮切りに全国の組織を飛び回り、神戸山口組系組員を地域、地域で集めた上、彼らに結束を呼び掛け、鼓舞激励し、士気を高める活動をしていた。

そういうとき、織田が若い組員たちに向かってどういう話をしたか、どういう指導をしたか、如実に窺える点である。

もう一つは神戸山口組は和解交渉の真実を伝えるために組織決定で織田を初めて表に出し、筆者のインタビューに答えさせたわけだが、このとき早くも正木年男、剣政和と織田との間に懸隔がありそうなことがぼんやり浮かんだ。正木、剣は神戸山口組の内部批判、とりわけ山健組批判に及ぶ部分について、織田の発言を抑えよう、抑えようとした。

ほぼこの一年後、織田は神戸山口組を割って出て同調者を糾合し、別に任侠団体山口組（現・任侠山口組）を結成するが、早くもこの時期にヤクザとしての織田の基本姿勢が確立し、上役である正木年男にも、先輩である剣政和に対しても、譲れぬ一線になりつつあることがわかる。この意味で今の織田の論調は基本的にこのころと同じであり、その間にズレは感じられない。

また、ここで読者に見ていただきたいのは、織田の言葉の論理性と、熱の籠もった生真面目《きまじめ》な態度である。筆者は織田の発言を再構成するに当たって、若干刈り込んだ部分があるが、最低限の改変しか加えていない。織田の言葉は活字に起こしても、そのまま文章になるほど、しっかりした構造を持っている。

正木年男も話がうまく、神戸山口組内ではそれなりに重宝されているが、話の論理性と説得力の点では織田がかなり上のはずだ。

前置きが長くなったが、織田インタビューの要所をお伝えする。

織田　私も組織人ですから、神戸山口組の決定事項として、上司である総本部長（正木年男）の命を受けて、今この場におらせていただいております。ただ、本来なら不本意である、と。

目には目をというところで、私個人じゃなく、神戸山口の名誉のために、しっかりとありのままに語れ、と命を受けましたので、事実のみをありのままにお伝えさせてもらいます。

それが一点です。

この話に入る前に、まず清水一家の高木（康男）総長、同一家・松本（秀博）統括委員長に対して、対抗意識云々では一切ないんです。逆に私としては、山之内（健三・山健組系誠竜会会長）もそうなんですけども、会談に臨んだ当事者です。逆に（高木らを）気の毒やな、と思うとります。なぜかと言いますと、「週刊ＳＰＡ！」を読み上げたときにですね、高木、松本両名がどんな思いをしたか。内心、忸怩《じくじ》たるものがあったと思うんです。

なぜかと言いますと、これ、立場が変わりましたら、私ならヤクザをやめます。組織人でも、（上の命令、指示を）聞けることと、聞けないことがあります。あれを見たときに、事実の流れが真逆なわけでしょう。ということは、清水一家の高木総長が（上層部に）真逆の報告をした、となるわけです。世間の皆さんに、そう思われます。

真実っちゅうのは何年か経ったかのちに、必ず捲《めく》れる（明らかになる）もんやと、自分は確信してます。自信満々です。剣の（黒誠会）会長もそうです。私が高木総長の立場なら、堅気になります。堅気の立場で、個人の立場で「ＳＰＡ！」が記す事実はない、インチキだと告発します。あれは神戸山口組側の言う通りだ、向こうの言い分が正しい、と。（そう言わないと）ヤクザをやめた後も、男はやらなあかんわけですから。男として生きていけない。

これ私、持論ですよ。私が高木さんであれば、そう言い切りますし、そのときに身を引きます。神戸山口からそういう命を受けたらの話です。高木さんはそれをしてないけども、彼の内心にはそれに近い葛藤がすでにあると思うんです。まして、高木総長が二〇年も連れた松本秀博（清水一家統括委員長）という若い人がそばにおったわけです。松本さんはありのままを見てるわけです。にもかかわらず、若い者に対して、彼の信頼関係も崩れるのではと逆に心配します。今後、松本さんは高木さんをどう見るのか？

自分なら、はっきりお断りします。そういうウソ情報の公表はできない、と。だから、高木さん、松本さんを批判し、対抗的にそうじゃない、と否定するよりも、高木さんの上の上層部に高木、松本両名は使われたのではないかと思ってます。まさかこのような形で公表されるとは、お二方とも思ってなかったはずです。

組織のためを思って、よかれと思って、言われたまま、織田と山之内を静岡の自宅に招いた。そこまでは指令を受けた。ところがそれがまさかこのようなウソ情報の展開になるとは思ってなかった。

だから今、どんな心中なのかと察するばかりです。これは私のほんとの思いです。

彼らに対しては「この野郎！」と憎む気持ちは一切ないです。彼らを使ってデマ情報を流す、当事者のプライドをズタズタにする、まさに名古屋方式です。これは名古屋特有の組織運営の一環なんですかね。だから去年（二〇一五年）の八月二七日、分裂という事態を迎えたわけです。

つまり、高木さんは今ボロボロ、ペッチャンコやと。清水一家の内部でもペッチャンコやと思います。

まずは話を始める前に、その前提をお伝えしたい、と。私は名古屋方式というものに対して、神戸山口の命を受けて、ありのままにお伝えしたいと思ってます。総本部長（その場にいる正木への呼び掛け）、自分はこういう思いでいるんですけど、ちょっと生意気ですけど、すんません。

正木（筆者には）神戸山口組の公式見解ですよと言うてますから。

以上を前置きとして、和解交渉がどういう経過をたどったのか、具体的な話に入る。

清水一家総長宅に乗り込む

――和解話は六代目山口組側からまず持ち込まれた？

織田　ええ、まさにその通りです。

前提となったのは、六代目山口組系清水一家・松本秀博統括委員長と神戸山口組系山健組の直参、岡本政厚・東誠会会長が二十数年来のつき合いで、分裂後もお互いに「友」として電話のやり取りを続けていたことである。こうした形での六代目山口組系組員との交流を神戸山口組は禁止していない。

二〇一六年四月二八、二九日ごろの深夜、松本秀博から岡本政厚の携帯電話に「山健組若頭補佐・山之内健三誠竜会会長に連絡が取れないか」と電話があった。

岡本政厚はいったん電話を切り、山之内健三に電話を入れた。と、誠竜会会長・山之内は「深夜だぞ。この時間に何考えてるんだ。明日にしろ」と怒った。岡本は「はい、わかりました」と従い、「明日にしてくれ」と松本に伝えた。

翌日、午前中に松本から直接山之内に電話が入った。

「うちの高木（康男・清水一家総長、六代目山口組の若頭補佐の一人）が今、色々なことで悩んでるんです。高木の悩みを山之内さんと岡本さんに聞いてもらいたい。できれば自宅でお会いしたいんです」

山之内は上部に諮《はか》った上、五月二日、松本に会うべく岡本と一緒に静岡に出掛けたが、案内されたのは総長・高木の豪邸だった。清水一家は元「五菱会」と名乗り、ヤミ金でしこたま稼いだ時期がある。カネに飽かして建てた和風の豪邸だから、自慢でもあるのだろう。

しかも総長・高木自身も出てきて、「井上さん（邦雄＝神戸山口組組長）になんとか（六代目山口組に）戻ってもらえないだろうか」と言い出した。

織田　高木さんのニュアンスは、今の二つの山口組の現状に思い悩むところがあるというところも含んでいた、と（山之内は）言うてました。おもむろに（高木は）「（神戸山口組組長である）井上さんに、なんとか（六代目山口組に）戻ってもらえないだろうか」と（言い出した）。

二人からしたら、これは爆弾発言ですよ。そんなことを我々は答える立場にはない、と。

私は事前に山之内にこう言うてたんです。「松本さんと会うなら、いいだろう」と。それなら、自分が（許可の）ハンコ押しましょう。そのときに、向こうが何の悩みなのかを、聞くだけ聞いて、持って帰ってくれ、と。（その場で）即答は絶対しないように。こう言うたんです。山之内の所作はその通りで、一〇〇点ですね。「私は答える立場にない。しかるべき、本家親分のことをよくわかる、理解できる者をという条件で、なおかつ神戸山口のしかるべき人物を出す」と（高木には答えたと）、のちほど（山之内は私に）言うてました。

山之内は「織田のおじさんを想定してしゃべりました。織田という名前は使ってないけども、今言った条件を伝えました」と言ってました。

これが五月の二日、午後一時前後です。松本、岡本を経由して、高木氏の携帯番号を山之内が四月二九日か三〇日に聞かされた。で、その日に連絡を入れたらしいんです。

山之内は突然の話に驚き、「神戸山口組のしかるべき立場の人と話して下さい」と席を立ち、事後、私に報告した。

「ちょっと時間をくれ」と私は（山之内に）言って、上（井上邦雄組長）に諮った。上
は「何が言いたいのか、いっぺん聞いたらいいじゃないか」と簡単に判断した。要す
るにＯＫです。
「二つの山口組における建設的な話なら聞きましょう」と山之内に答えさせた。ちょ
っとテーマをぼかして、大きくしといて、相手がどう出るかですね。そしたらもう
「ぜひ」。即答やったらしいです。失礼ながら清水一家・高木さんは即答できない人な
んです。ところがこれに関して、私は山之内に三回確かめたんです。
「（高木さんは）電話を一回切ってないか？　ほんとに（その場で）即答したのか？」
「即答です」と。
しかもぜひ自宅に、て言われまして。これはもう、そこまではおそらく指示、命令
を受けてたと思うんです。そのときに「ほんとにいいんですか？」と、私も山之内を
介して聞きました。
「うちはオッケーですよ。そちらはよりによって私みたいな人間に会ってると、捲れ
たら迷惑かかるでしょ」と山之内に聞かせました。「そんときはそんときですよ」
と、高木さんは答えたそうです。

自分は民間の喫茶店でもどこでも、目立たないように少人数で行きますよ、と。(でないと、高木さんに) 迷惑かかるでしょ、と。静岡でも、どこでもいい。指定してくれたら私行きましょう、と。それで向こうから返ってきた言葉が「自宅の方がいいんです」と。

ほんでうちの上司 (井上邦雄) も「なんで自宅だろうな?」といぶかしがっていた。逆に言うと、(井上は) 自分の身を案じてくれたんですよね。身体、気いつけよ、と。なんかあるかもしれない、と。ま、私も (井上の気づかいが) 嬉しかったんですけどね。

結果、五月一四日、織田と山之内は総長・高木の希望で静岡の高木宅で会談した。

織田 行くと、(総長・高木は) 玄関前に出迎えに立っていて、いきなり握手です。松本さんもおりました。どうぞどうぞと、高木さんに案内され、屋敷を歩いて。で、この (ほう) が目立たないんですよ、と言うた割には、お茶の差し替えやコーヒーや、少なくとも若い衆が三人はおりました。私はこんなことをして (情報が) 漏れないんかなと思いながらですね。まあええか、と。で、サシ（での話し合い）を求めず、（お付きの者が）同席のままやったんです。（席を）外してくれって言わなかった。それが今思えば（事実であることの証明に）よかったんですけどね。山之内を横に座らせて、これ、生き証人ですから。

私の真向かいに高木さん。場所は応接室です。横に松本さん、で、こっちは山之内ですね。四人で（話が）スタートしました。

実はある方に一つだけ自分、指示を受けてたんです。まず高木にしゃべらせろ、と。高木に何が言いたいのか、何を思ってるのか、すべてしゃべらせろ、と。ですから、何度も（話を）振ったんです。

高木さんと（私）は親子ほど年が違いますからね。自分は「総長」と（呼び）、向こうは「織田さん」と言うてきました。

「総長、現状ね、どうお考えですか？　聞かして下さい」ここから話が始まってます。

しかし高木総長はそれには答えず、去年（二〇一五年）七月末あたりの話をいきなり始めた。驚いたと言うんです。つまり篠原（山口組総本部）の敷地内に食堂があるんです。そこで井上さんと入江さん（後に神戸山口組副組長）が和気藹々《わきあいあい》と昼食をしていた、と。笑いながらですね。そのとき一切、そんな素振り（神戸山口組分裂の気配）を感じなかった、と。

もう一つ、後日、月が変わって八月に静岡に帰ったときに、東京のある組織の方から連絡が入った。「山口組は割れるのですか？」と聞かれて、「とんでもない。誰がそんなこと言ってる？」（というやり取りがあった）。つまり突然の分裂に「驚いた」「驚いた」ばっかり言うんです。

自分はふと思いました。名古屋方式は（録音）テープが好きなんですよ。あ〜、テープがあるな、と。つまり私は、高木は（分裂した神戸山口組の）一三（団体）には（当時）一切関わってない、とテープに入れたいのかと、感じました。

それでも聞きました。「今の名古屋（弘道会）のやり方、よしとしますか」と。しゃべらそう、しゃべらそうとしたんですね。そのように命を受けてましたから。ところが、高木さんははぐらかすんです。核心の部分に答えない。「う〜ん」と言うたり、違う話をする。たとえば、こんなことですね。

自分は一六歳のときからある事件で静岡を離れ、名古屋に逃げてたんですよ、と。

その名古屋で今の親分、司忍ですね、と出会いがあった。先日も、「おい高木よ、お前とは古いからな」というお言葉をかけてもらって、嬉しかった、と。こんなことを言うてました。

それを神戸に帰って、皆さんに聞いたところ、「初耳や」言うんです。総本部長（正木）は初耳、親分（井上）も副長（入江）も、皆さん初耳と言う。やっぱりテープかな、と思いました。別のことを言いながらかわすんです。私の直球の質問に答えない。

そのくせ「なんとか井上さんに戻ってもらえたらなあ」とか言う。「これは私個人の思いですよ」とか「個人の考えですよ」とか、どっちかを言いました。

で、そっから自分、スイッチを入れたんです。剣の会長（政和・黒誠会会長、神戸山口組・若頭補佐）と真鍋の組長（池田幸治・若頭補佐）の三人（三人とも神戸山口組懲罰委員）で、日本全国で会合さしてもうとるんですね。毎回、約一時間半から二時間の会合です。そのときと同じ内容をビッチリ語りました。

神戸山口組はなぜ去年八月二七日、立ち上がったのか。神戸山口組という船はどこを目的地としているのか。いわゆる「弘道会方式」はどういう風に悪政なのか。なぜ返し（報復）は厳禁なのか。
ただ返すな、だけやない。ただ返すなだけは名古屋方式。上意下達、下意上達ってありますよね、逆なんだと、名古屋と真逆が神戸であると。現場の声を生で聞き、上に届けるような、我々三人が、おこがましいけども、そういう働きをしたい。ということで、だからこうやって、目を見て、顔を見て、話に来てるんだ、と。

織田は日頃、全国各地の集会で話している内容をそのまま総長・高木にぶつけた。

織田　これは霞が関の話までいってしまうんですけどね。神戸山口の、私の先生（弁護士）がいてますから、いろんな話を聞かせてもうた中で、自分の中で組み立てて、お話しさせてもうとんですけども、今は、三〇年前の山一戦争当時とは違う。あの当時は山口組は一和会だけを見てたらいいわけですね。いかに一和会をやっつけるか、いかにこっちを守るかでしょ。それだけでよかったんです。ところが今は第三勢力がおる、と。この存在を意識した戦いをしないではもう勝てない、と。
第三勢力とは何かと言えば、まさに（警察）当局なんですね。当局の背後には霞が関がおる、と。安藤（隆春・警察庁）長官（当時）が七年前に仁義切りましたよね。まあ弘道会の弱体化なくして山口組の……、あの有名な文句ありましたでしょうが、あれがまさに、霞が関の代表としてのメッセージ。あれから実質的に弘道会の壊滅が始まったじゃないですか。暴排条例（の施行）も（全都道府県で）起こったやないですか。あれはぜんぶ霞が関という存在があるんだ、と。

そこは、さらっとですけども。そこを想定してですね、当局の動きを想定して、我々がどういった戦い、アクションを起こすかということ。当局も当局でお仕事ですから、我々のアクションで動くじゃないですか。

だからパンパンパンパンパン（六代目山口組側に拳銃の発射音を）鳴らさしたらいいんだ、と。ガラスを割られたりしたら、ガラス屋を呼んで替えようじゃないか、と。壁を撃たれたら、工務店を呼んで壁の修理をしようじゃないか、と。つまり、ガラス三枚割られた、神戸山口が四枚割り返した、勝った勝ったじゃない、と。

それはなぜかと言えば、最終的に、本家、親分、井上の親分がおるわけですね。本家の親分だけやない、と。傘下には宅見組、正木組、池田組、たくさんおられますよね。

皆さん、親や子がおるでしょう。いざ勝ったとき、親の席が陰膳《かげぜん》だったと想像してほしい。こういうとき、心からおめでとう、乾杯、と言えるか。そのとき想像してほしいんですよ、親分の座布団が陰膳であったところを、と。つまり未決で拘置所に座っとるとき、裁判、これ長くなるでしょうね。ご苦労さん、よかったなあ、勝ったなあ、と。よかったなあと言ったときに、親分の席が空席だったら、ほんとに心からおめでとう、乾杯と言えるか。いや言えない。そうだろ、と。それを想像しろ、と。（親分に）おってもらおうじゃないか、おってもらうには、時代に即した戦い方ってあるじゃないか。

「志はうちにある」

織田は神戸山口組の地方集会でこういう話を若い人たちにしていると明かした。ふつうなら「敵に報復するな」は訴えにくい話だろう。威勢も悪く、ヤクザらしくもない。やられたらやり返すのがヤクザのはずという考えは一般にも広がっている。若い人たちの耳に届きにくい話のはずだが、そこを織田流の論理と話術で乗り越えている。なるほどと思わせるところだ。

織田　話をしないと届かないです。わからない。わからないままは名古屋方式です。神戸は違うんだ、と。山口組のラストチャンスなんだと。五代目以上の、六代目以上の、山口組をみんなで作ろうじゃないか、と、呼びかけてます。それを我々が作ろうじゃないか、と。

そのためにはまずですね、本家親分（井上）を筆頭に、総本部長（正木）。本来なら、総本部長が五億（円）あるのか、一〇億（円）あるのか知りませんよ。何が言いたいかいうと、（引退しても）余生は過ごせたはず。もう七〇（歳）ですよ。この厳罰化される法整備の中で、茨の道をあえて選んでいただいたんです。

総本部長は本来ならもう山の奥で住職になられてるかもわからない。仏門に入るのを望んでたんです。池田（孝志）の舎弟頭も大実業家になっていたかもしれません（率いる池田組の跡目を弘道会に射殺された［若頭］高木［忠］に譲り、自分は実業界に転進したいという将来構想を持っていた）。

結局、自分が会合でどういうことを言いたいかいうと、（首脳部は）七〇（歳）前後。五年もすれば、跡目を譲って、自分のことだけを思えば、海外旅行もできるんです。ゴルフもできるんです。うちの親分（井上）なんかかわいそうなんですね、ゴルフが大好きなんです。ゴルフしかない。だけど、してないんです。

正木　代行（織田）が言わんとしているのは、大義がどこにあるかということを言うてるんです。それを高木にも話したんでしょう。

織田　同じこと、ぜんぶ言いました。だから我々は、そういった叔父さんの方々、錚々《そうそう》たる方々がですね、若い者のために、このままでは山口組は残らない、と。神戸山口組発足の挨拶文にあった通り、絶望ですね、自滅の道を歩む。と、感じたから、本来ならうち（山口組）に留まって、内部で改革すべきなんです。皆さん、わかってるんです。だけど、それができなかった。なぜか、（司組長に）進言・諫言を繰り返した。（六代目山口組は）進言・諫言はなかったって言うけど、実際は進言・諫言はあったんです。

ただ、幹部の方、（山口組総本部では）別室になってしまって、執行部も幹部も、若中、舎弟、みんなそれぞれ別室になり、わざと情報が広がらないようにしてるんです。壁を作る、壁の向こうには（情報が）届かない。向こう（六代目山口組）に残ってる方々は、進言・諫言はなかったと、まだ思い込んでいる。

だけど実際は進言・諫言はあったんだ、ということを、全国で説いてます。六代目山口組では執行部に進言・諫言すると、「ああ、そうか、そうか」と受け取ります。が、しばらくして人事で（言った人を）外してくる。そこに絶望感が生まれます。うちに留まっていては改革できない。

と、ある覚悟ができました。外に出て山口を正そうじゃないか、と。だから神戸山口は菱の代紋なんです。そんな話も皆さんにしてます。

で、これも正直に言いますね。筋から言うたらペケなんです。司忍という人物が盃を下された。が、現役でまだおるわけですよ。にもかかわらず、別団体を立ち上げたわけでしょ。その一点だけ是か非かと問われたら、これは非だと。

これははっきり言うときます。そこを認めないと、話が進まないし、説得力がない。そこは非と認めて、そうせざるを得ないところまで追い込まれた。なぜそこまで至ったかの説明も全部した。やれることは全部やった、と。

わかりやすく言うと、盃が大事か、菱の代紋、歴史一〇〇年が大事か、未来が大事か、と、ここに来るわけです。筋で言うたら、（逆盃は）彼ら（六代目山口組）が言うようにペケでしょう。そこまで認めた上でですね、なぜこうなったのか。それを末端の若いお兄ちゃんくらいまで直接聞かせてやりたい。

それで三人で一生懸命（全国を）回りました。だから皆、誇りを持ってほしいと。絶縁状、破門状はたしかに出てるけども、真《まこと》はうちにある、と。志はうちにあるんだ、と。いつか二つが一つになってしかるべき、（山口組を）正すためなんです。

これも高木さんに言いました。うちの親分（井上）を（山口組を）正せるポジションに座らせるのであれば、戻りますよ。一貫してるでしょ。正すために立ち上がった。反逆行為、逆賊の誹《そし》りを受ける。バカでもわかるんです。下手したら全国の他団体から、孤立を招いたかもわかりません。（それら団体がヤクザの）筋を重んじたら。

ところが名古屋の悪政があまりにもひどかったので、今おかげさまで、他団体ともおつき合いができている。それは（六代目山口組が）他団体に対して、貢献したところの組織の親方に対して、どんな扱いをしたか、皆さん、頭に入ってるんです。だからこういう現状が起こってるんです。

本来なら孤立するリスクもあったわけです。それでも（神戸山口組の首脳部の面々は）覚悟を決めて立ち上がってくれたわけなんです。若い子らに言うてます。我々、ほんならそういう親方に、各親分に、感謝の気持ちをもって恩を返そうじゃないかと。

それは何か、現場で一生懸命汗を流そうじゃないかと。この茨の道を進んでくれた親分、叔父さん方々、(その思いを)無にしないように、やれることをやろうじゃないかと。我慢もしようじゃないかと。

婆婆におって、いつか二つが一つになって、乾杯しようじゃないかと。それには、己の、自己顕示欲ですか、何て言うんですか、面子《メンツ》ですか。まあ簡単に言ったら、あれは口だけやったな、とか、言わしとけば、いいじゃないか。そっちが大事か、親分を婆婆におらして乾杯するのが大事か、みんな想像してほしい、と。

こういう話もしました。そのための我慢なんだと。それとね、高木さんの方が身を乗り出して聞いたのが、五代目の話をしたときです。これも大事なとこで避けられないんですね、五代目体制の一六年間です。これすべて是であると言うた時点で、もう私はモノを言えないですね。おそらく現場の子らに断られた(話すことを拒絶された)と思います。

我々が、真の山口組を作るために、通らざるを得ない道、それが過去の検証なんです。そこに勇気をもってタブー化しないで、真正面から検証しようじゃないか。

織田が五代目体制批判を臭わせると、案の定、剣、正木が抑えにかかった。が、五代目を批判しないと、六代目も批判できないという織田の問題意識と論理は正論にちがいない。

正木　まあ、そういう……。

織田　そういう話を高木さんはじーっと聞いてました。うーんと言いながらですね、ずっと聞くんですよ。でね、自分はこう言いました。

ほな、五代目体制の悪いところはなんだったか。五（代目）から六（代目）になった要因はいろいろあるんですね。最大の要因は、「山健じゃ山健じゃ」、これでしょ。いわゆる山健びいきをやったんです。これ大事なとこなんです。その、山口組を正してくれる、と。

総本部長（正木）は別として、ですよ、総本部長は（司の本音、本質を早い時期に）見抜いてましたから。入江の副長はじめみなさん、親分と総本部長は別です。それ以外の人は、この人（司忍）は本物やと、（山口組を）正してくれると信じた。そう仰ってました。ところがフタを開けてみたら、「名古屋じゃ名古屋じゃ」。

自分はこう言いました。「山健の悪さと弘道会の悪さは、少し違う」と。山健は単純ですから。わかりやすい悪さをする。人を取りシノギを取り、破門者、絶縁者を平気で拾う。文句があったら来んかい、と。そうでしょ、わかりやすいんです。山健、ほんまのヤクザ独特の悪さです。

弘道会は陰湿、ジメジメとした、物件を取り上げたり、シノギを取り上げたり、その取り上げ方も、真正面から山健は行くんですね。違うんです。まあ策士的な、形ですよね。そういうやり方は違うけど、自分が言いたいのは、要は一緒なんです。そういう当代を輩出した出身母体が、そういったことを、現場に理不尽を押し付けるわけです。

五代目大親分の成し遂げたこと、数々ありますよ、真似できないことがあります。ところが最終的には、こういう事態を招いたわけでしょ。

ここを認めずして、五代目体制を一〇〇点満点と言い切れば、今、六代目体制を批判もできないわけですね。じゃないですか？　ということは、反省すべきです。もう（五代目渡辺芳則は）お亡くなりになられました。こういうことを言うのは申し訳ない。しかし、これは歴代親分の冒瀆と違う。我々が、真の山口組を作るために、通らざるを得ない道やと。それは過去の検証なんです。

そこを勇気をもってタブー化しないで。皆逃げるけれども、真正面から検証しようじゃないか。

そういう話を高木さんはじーっと聞いてました。うーん言いながらですね、ずっと聞くんですよ。でね、自分こう言いました。

私自身が健竜会で三年間。つまり、五代目時代の山健の時期が三年あった。三年間、私は大反省してる。今、山健組は、井上・山健になるべくですね、反省して襟を正して、この一〇年間一生懸命やってきたと。今、(井上は神戸山口組の)本家親分になられて、(配下の者に対して)おんどれ、すんどれ、直接、叱責できない。(それは)兼任預かり(神戸山口組の若頭代行と四代目山健組の副組長を兼任し、かつ)懲罰委員の私らの任務やと思うとる言うたらおこがましいですが、私が今、正します、と。

それには高木総長ね、私自身が反省せなあかんのです。いま山健は襟を正して、やってこう思うとるんですよと。竹内(弘道会会長)さんにも言いたい。竹内さん、もし会うことができたらね、反省できるか、ということです。弘道会の過去一一年間を反省して襟を正せるか、山健が先にやりましょう、と。先に我々が反省して正しましょうと。

順序から言うとね、六代目時代の一一年間を真摯《しんし》に受け止めて、反省して、正したときに、二つが一つになったとき、真の山口に近づくんじゃないかと。こんな話も高木さんにしました。

事実、織田は一六年三月、都内で開かれた中堅・若手を集めた会合だけでなく、全国の会合で「仮に（神戸山口組の）内部でトラブルを起こした場合には、山健組の側を重く処分するから、肝に銘じておくように」と話している。

神戸山口組では絶対、山健組ひいき、山健組優位をやめる。それは自分たち懲罰委員が許さない、という決意表明でもあった。織田の本気度が窺えよう。

織田　時間としては二時間弱ですね。一つだけ、高木さんじゃなく、松本さん（前出）が質問しました。二つの山口組がもう近々、特定抗争（暴力団）指定になるでしょう。ドンパチ鳴ったらですね、簡単な話、ドンパチ鳴れば、特定抗争ですよ。当局はそれを狙っとるんやね。

正木　行動原理の問題とか、いろいろひっかかるようなものがありますから、（織田の発言は）黙って聞いてると、ものすごく危惧を感じる。本人が言ってくれとることはようわかるんですよ。そのまま活字に出た場合に、非常に危険な部分がいっぱいあるから。

剣　そのへんはまた。代行の言いたいことを言うてもうて、抜粋するとこ抜粋して、記事を書いてもろうて、危険なとこはあとで削除する形で。

織田　高木さんに伝えた現場の話ですよ、そのまま再現させてもらってます。

正木　活字になったら大変なことになりますよ。

織田　そこはカットして下さい。

正木　我々の若い衆としゃべって、どこに大義があって、我々が何を目的としとるか、それはええんです。そやけど（溝口は）どこまで行ったってマスコミの方やから、わしらも代行のいちばん心配をしなきゃいけないとこになるわけですから、これが全体的にいくと、皆組織的なものになってしまいます。自分はそれに危惧を抱いてるだけです。（溝口は）それを調整すると言うてくれてますけど、わしにしてみたらひやひやドキドキ、聞いとるんやから。

織田　総長、私見ですよ、と、私のね、前提で、今言うところの話、先ほど言ったように、正せるポジションに、うちの親分を座らすならば、こっちとしたら一貫するわけですね。ご意見番、方々、錚々たる叔父さん方々も、反対しないんじゃないか、と。

それは何かと言うと、総裁制度、二つに一つですよ、うちの親分（井上）を七代目（山口組組長）に、六代目（司忍）を総裁に。もしくは、うちの親分を、人事を含めて、すべて任せたという若頭に（する）。

これなら、神戸山口の錚々たる叔父さん方も呑むのじゃないかと、私見やけど、と、こういう言い方しました。

そのときに生意気ですが、テープがあるとわかっていても、ここまで言いました。そりゃ（テープを聞いたら、司忍は）もう激怒するでしょう。六代目（組長・司忍）にこう言うてくれ。このたびの件、わしの不徳の致すところやと、あとはすべて（井上に）託すと、任したぞと。そこで手前親分（井上）が、もしもですよ、「わかりました」と受けたなら、「六代目（司忍）を無下《むげ》に扱うことないでしょう。それは人柄、性格からいっても」と。

　で、「どう思う？」と山之内に聞いたら山之内も「私もそう思う」と。「親分、そこまでせんでいいんじゃないですか」と（井上は）言うくらい、ビチッと（相手を）立てる。そういう人なんです、と。

　それと、たとえば人事権も含めた井上若頭体制を親分が受けたなら、新体制の一から十まで神戸山口一色にするような新執行部を作るような人事はしない、どう思う？ともう一回（山之内に聞くと、山之内も）「私もそう思う」。

「バランスのとれた、皆が納得するような山口組が出来上がるでしょうね、そういう人なんです、大きいんです、うちの親分（井上）は」とこう言いました。

　ほな（高木は）慌ててですね、「いやーうちの親分（司）も大きいですよ」と。もうすぐきました。

　あ、これまたテープあるな、と思いながら、そのときはえらい言うてましたね。六代目を終始絶賛してました。

正木　代行（織田）の本音、当局が聞きたい本音も入ってもうとるから。

織田　続きがあるんです。よろしいですか。高木さんにこう言いました。井上さんに戻ってきてもらえたら、と、個人的にはそう思うということを山之内に、前回言うたことと同じことを自分にも言いましたね。

で、あれば、これは総長（高木）、私感ですよ、と。先ほど言ったように、（山口組を）正せるポジションに、うちの親分（井上）を座らすならば、こっちとしたら一貫するわけですね、ご意見番、方々、錚々たる叔父さん方々も、反対しないんじゃないか、と。それ何かと言うと、神戸山口組の強気の姿勢を見せたかったんですね。

織田の話は神戸山口組の意気を六代目山口組側に示し、かつ正論でもあろう。だが、正木年男の危惧もわからないでもない。和解話の持ち掛けが六代目山口組側の謀略、攪乱《かくらん》工作であるなら、そんなものに対して一所懸命、本音をさらすことはない。適当にあしらうぐらいでちょうどいいという考えだろう。

が、同時に織田がかなりのハードネゴシエイターであることがわかる。相手側からすれば、押されるに決まっているから、織田のような者と交渉ごとはしたくない。

織田　で、あれば、外から見たら（神戸山口組の分裂は）親子喧嘩で済むじゃないですか、そういう言い方をしました。最後に（元の鞘《さや》に収まって）よかったな、と、内外ともに言うてもろたときに、出発は非やったけども、それが是になる瞬間でしょうと。ここが我々のゴールですよ、皆さん、て全国に言うて回ってます、そこにもっていきましょうと。親分（井上）を絶縁者のままでいいのかと、先日の会議でも言いました。目標、ゴール、みんな共有しましょう、（山口組を）統一しましょう、と。末端まで、ガラスの割り合いっこ、血の流し合いっこの戦いじゃないと、真の山口組を作る、山口組を正す。今そういう戦いをしてるんだと。そういう意識を末端まで持ってほしいと。こういうことですね。

特定抗争（の指定が）なったときに、二つの山口のどこに利するとこがあるのか、（両方とも）弱体化して、皆（組員が）こぼれていきますよ、と。人材として山口組の大損失なんです。それを避けるとか、怖がるとかじゃなくて、そんな次元の問題じゃなくて、今まさにその瀬戸際まで来とるわけでしょ。今じゃないんかと。

「帰ってきてほしい」と言うのであれば、うちの親分（井上）をそうしたら（前記のように迎えたら）エエじゃないか、そう言いました。

「うーん」言うてましたね。そしたら（同席していた）松本さんがね、一つだけ質問したんです。

「そこまで織田さんが現場の末端の子ら（若い衆）のことを思うのであれば、なぜあんなことをしたんですか」と、こう言うた。「おっ」と思いましたよ。

それは何かと言うと、（二〇一五年）九月五日から、全国、自分走らしてもろうたんですね、いわゆる（六代目山口組側に対する）示威行動、威嚇行動ですか。会合の後に、皆を引き連れて、たしかにやらしてもらいました。（六代目山口組系の）事務所の前をね、会合の後にですね。言葉だけでなくて、ほれ見ろこの通りだと、現場の士気を上げるのが目的でしたから、誇りを持たすのが目的でしたから、真はこっちだから、卑下することないと、我々は志を持って立ち上がったんだと、（六代目山口組側の）事務所の前に行って（防犯）カメラに写るようにして、北海道から九州まで歩きましたが、中から一人も出てきませんでした。これが答えです。

ふつう、絶縁者や破門者が来たら、「何やってるんだ。向こう行け。お前らの来るとこじゃない」くらい言うもんでしょ。誰も出てこれないんですよ。何か負い目があるんだろうと。この我々一三団体の行動にね、何か口には出せないけど、共感、共鳴するところがあるんじゃないか。それほどひどい名古屋の悪政やったんやないかと。

これが答えだと。

何も遠慮することはない、胸を張って街を歩けと。一時間、二時間の会合の後に（六代目山口組系の事務所の）目の前をわざわざ通りました。そのあと、信州あたりは特にですけど、わさわさいろいろあった。

「なぜ、あんなことをしたんですか？」と松本さんが言うんです。

自分は即答しました。神戸山口組の存続のためですと。松本さんはこう言うたんです。本来なら内に留まってモノするべきところを、外に出て立ち上がったじゃないですか、この組織が。なくなったときに、もう何も（かも）終わるわけですね、神戸山口の存在がね。（六代目山口組から分裂して）フタを開けたら（神戸山口組の加盟団体が）一五（団体）、それが二、三日で一三（団体）になったんですよ。そうでしょ。

山健組も予想外に崩れましたからね、ぶっちゃけ、これも正直、言います、会合で。高木さんにも言いました。我々としたら、神戸山口組を、現場の士気を上げ、船から降りない、存続のために、ああいう行いをした、と。

だから、（示威行動では）音も鳴らさず、光もんも使ってないでしょう。ギリギリのとこですよ、ほんとに。そちらはパンパンやってくれたし、東京でも山之内のとこ刺されましたよ。（組員が）重傷を負いました。そんな話をね、ありのままにと言われてますから、するんですけども、一回だけですよ、質問があったのは。

そう答えると、黙りました。で、最後ですね、これで終わりです。

総長（高木）、耳傾ける人と会わしてくれ、いま話したこと、語ったこと、同じことを話しましょう。いつでもどこでも行きましょう。

ほなまた「う〜ん」です。こらあかんと思うたので、みなの目の前で携帯番号を交換した。それで退席しました。

織田は武闘派として知られるが、話は熱が籠もり、説得力に富む。六代目側の組員が聞いても話に引き込まれるのでは、と思わせる。自派の非は非と認め、その上で一本筋が通った話をする。

織田　（渡辺芳則組長の）五代目時代、私自身が三年間、山健組に所属し、今、大反省している。竹内さん（照明・弘道会会長、六代目・若頭補佐の一人）にもし会うことができたら、竹内さんにも言いたい。弘道会の過去一一年間を反省して襟を正せるか、と。先に我々山健組が襟を正しましょう。両方が反省して襟を正したとき、二つが一つになって、真の山口組に近づくんじゃないか。こんな話を高木さんにしました。

織田は相手が怒り出すのではないかと考えたが、意外にも総長・高木は「とてもじゃないけど、自分では……」と黙り込んだ。

織田はこう詰めた。

織田　「高木総長はこの話を直接六代目に伝えられますか」「うーん」と黙り込みました。だから六代目側の四人の名を挙げました。誰なら伝えられるのかという意味です。

「極心（連合会・橋本弘文統括委員長）、青山さん（千尋・二代目伊豆組組長、舎弟頭）、大原さん（宏延・大原組組長、本部長）、國粋の藤井さん（英治会長、若頭補佐）ですか」

「そこのところは〜」と濁すんです。「ひょっとして竹内さんですか」と押すと、「わからない。そこはわからないんです」とハッキリ言いました（これで高木総長の裏に控えるのは竹内会長と、織田は推測）。

「であれば、耳を傾ける人と会わして下さい。いつでもどこでも行きましょう」と言うと、高木総長はまたしても「う〜ん」と唸る。こらあかんと思いましたので、退席しました。

条件は「七代目か若頭」

五月一五日夕方、総長・高木から織田に電話があった。

「今、名古屋から静岡に戻りました。竹内の兄弟と一緒に親分（司組長）に報告に上がりましたが、親分がわかったと言ってくれました」と声を弾ませている。

織田は驚き、「七代目か若頭か、二つに一つの話もすべて話したんですか」と念を押すと、高木総長はそれには答えず、「だから言ったでしょう。親分（司）の器は大きいんです。親分は織田と竹内の二人でこの話を進めろ、高木、お前も同席しろと言ってくれたんです」と言う。

それで五月一七日、神戸側から織田、若頭補佐・剣政和、六代目側から若頭補佐の竹内、高木が須磨の高木別邸で会うことになった。

日取りはその後一九日に延期になったが、一八日、総長・高木から電話があった。

「先に確認したいが、分裂前に六代目が処分し、その後神戸が直参にした太田興業（太田守正組長）、澄田会（竹森竜治会長）、英組（藤田恭道組長）の処分がなければ、二つが一つになれないと思う」

そばに誰かがついているような話し方だった。織田は語る。

織田　自分はピンときました。これは話を潰しにきたな、と。だから半分笑いながら「ああ、そういうことですか。そうきましたか」と思わず言うてしまいました。たまたま来客中だったので、「のちほど電話します」と電話を切り、一～二時間後、「結論としてそちらの話はノーですよ。七代目か若頭かという大きな話をしようとする前に、処分みたいな小さな話をぶつけるんですか。百歩譲って処分が検討に値するにしろ、それは大きな話の後の調整話じゃないか」。

高木総長は珍しく即答し、「あ、残念です。決裂ですね」と電話を切った。

数時間後、再度総長・高木は織田に電話してきた。「織田さん、疲れました。これが弘道会方式なんです。ウンザリです」

織田は結論としてこう述べた。

織田　司六代目を新設の総裁にして、うちの親分（井上組長）を七代目に。もしくは司組長を六代目のまま、人事を含め全権を委ねた若頭に（井上組長を）就ける。二つに一つです。あくまでも私案ですが、これなら神戸でも同意が得られると思う。交渉に当たった高木さんはただの伝言、報告役、しかし司六代目の返答に一度は驚き喜ぶ。ところが違う考えを持つ勢力が話を潰す。結果、六代目山口組としては、この話を拒否する形をとった。

以上で織田絆誠を中心とした和解交渉の実際はおおよそ終わった。あと付け足しのエピソードがいくつかある。

この三日後の五月二一日ごろ、浪川会（大牟田市）会長・浪川政浩（井上邦雄の舎弟分）は名古屋の弘道会系稲葉地一家前総長・中村英昭を病気見舞いで訪ねた。と、後から弘道会会長・竹内が現れ、次のようなことを言い出した。

〈先日、織田さんがうちの高木に会い、六代目に戻りたいと言っている。しかし、分裂前に六代目が処分しとった人間を神戸は拾って、それをそのままの状態で戻すわけにはいかない。

織田さんは、神戸は一度入れた人間の首を切ることはしないと言い切り、戻る話は壊れたが、井上さんにこの話は伝わっているのか、確かめてほしい〉

浪川は井上と親しく、腹の中は十分承知している。

「戻りたいって言うのは何かの間違いじゃないの。神戸は腹を括ってるよ。だけど、あんたの伝言としてなら伝えてもいい」と答え、わざわざ神戸まで出掛けて井上に確認を取った。が、案の定、竹内は和解話を後先逆にして、浪川に伝えていることがわかった。

司―竹内ラインは現状をしっかり見ないのか、時に判断を誤り、誤った情報の下、第三者さえ巻き込んだ。

分裂直後にも渡辺芳則や五代目時代の若頭・宅見勝の遺族が「神戸山口組の分裂は間違っている。元の鞘に収まるべきだ」と言っているとメディアに書かせ、遺族側の

「そんなことは言ってない」という抗議でメディアに謝罪訂正文を出させるやら、大恥を掻かせた。

起きてしまった事実に謙虚に対さず、真剣に取り組まない。事実の推移を重んじない六代目山口組では、山口組の立ち直りは無理と判断できる。

和解話の二週間後、岡山では神戸山口組・池田組の高木忠若頭が六代目山口組・弘道会系の組員に射殺された。

神戸山口組は和解話に謀略と攪乱の臭いを嗅いでいた。

インタビューの最後に織田に質した。

——今回の和解の持ち掛けは、具体的には竹内照明若頭補佐が指令役だったのか。

織田　竹内だけじゃないと思いますが、当初の予定が狂ったのだと思います。まさか敵さんの本宅で七代目か頭か、二つに一つのボールを直球でぶつけられるとは想定外のことだったのでしょう。まず「織田がわざわざ高木宅まで足を運んだ」という既成事実を作り、「あの織田でも戻りたがってる、弱気になってる」と敵味方ともに知らしめ、士気の上げ下げをしたかったんじゃないでしょうか。それとこれはウラがとれてないんですけど、ひょっとしたら、決裂するまでに数日、空白がありますんで、その間に府中におる髙山氏が、収監前に意思の疎通を図れる手を打っている。連絡役は弁護士であったり当局であったり、役人であったりすると思うんですけども、なんらかの意思表示が中からあったんじゃないかと推測してます。

だから、質問にお答えしますと、高木に指示を出した竹内としたら、逆に（司の回答に）驚いた、いちばん具合悪かったの竹内やと思います。六代目が「よくわかった。すべてわかった」、高木さんいわく、これ二回言うたらしいです。高木さんはその言葉が内心、本当にうれしかったんだと思いますね。

道中、現場で動いてる竹内の個人的思惑も、入り込んだ中でのこういう結果を招いたことと考えています。

正木　織田の代行が言わんとするところは、森健司（六代目山口組の直参。三代目司興業会長）を使い、弘道会のモンを使い、あっちこっちに中途半端な折衝の仕方やったんですね。だから、池田組の高木（若）頭が命取られたことに関しては、交渉が全部宙ぶらりんなんですよ。すべてね、途中で中途半端になってるんです。

ヤクザやったら、中途半端で終わらせてまた変えていくなんてしませんよね。高木も中途半端、森健司も中途半端、そういうとこ見ると、最終的に作為的なものを感じるんです。

当初はそれは六代目方式であっても、名古屋方式であっても、さすがにそこまではという気持ちがあって、頭が働かないわけですよ。

これは、お互いに歩み寄れるものもあって、向こうも反省すべき点は反省したのかな、というとこの、擦り合わせがあるというの（想定）が、（実際は）ぜんぜん違ってたわけなんです。それで、この事件が起きたから、そのもの全部とは言いませんよ、ただ、うちらとしては、高木も、弘道会方式の結果、もろもろのことの一つの原因としてやったんやないかなと、疑問符を持つわけなんですよ。

――では、そういう話自体が、謀略というか。

正木　そういうことです。そこに到達するしかないんです。なんでか言うたら、森健司を使って、うちのと会えないかとか、うちの竹内（照明）と池田（孝志）のオジキと会わないか、とか、そういう交渉事がそこら中あるんです。

それがね、ぜんぶ中途半端なんです。失礼ですわね。一方で交渉事やってるとこに、急にキャンセルしてですよ、また別の方向にいっとるわけですよ。ヤクザならあり得ないことです。まして直参でしょ。最終的には浪川さんの話が出ましたけど、結局、稲葉地のとこに見舞いに行ったら、竹内がおった。竹内から頼まれて、これも、みな中途半端なんです。本気で思うて何を話そうかと、そういう段階じゃないんですよ。何もかも、中途半端にしとるんです。

わしらに言わしてもろたら、織田の代行が清水一家の高木のとこに行った時点で、じーっと見てると、行動を見てるとしか思えないんです。隙あらばというような。だけど、あまりにも失礼ですわね。大の大人がいい年して、プラチナをつけてるモン同士が、交渉事やっとるとこに、こっちがいったらまたあっちで、まったく錯乱さしとるような状態です。

織田などへのインタビューが終わって、筆者は織田について、こう感想を漏らした。

「世間では武闘派と思われてますが、弁が立ちますね」と。

織田は「そこらへんの武闘派ですヨ」と謙遜し、正木は「またおだてて。うちの宝ですから。もう突っ走るとこあるから」と言った。

神戸山口組はついに「宝」とすべき織田を持ちきれず、支えきれなかったといえよう。

第七章　検証　神戸山口組　懐刀の核弾頭に見限られた英雄

告発された問題点

神戸山口組の勢力は二〇一七年八月現在で直参が二四人である。一五年九月時点の組員数は三〇五〇人。うち組員数トップの四代目山健組が一八〇〇人（任侠山口組分裂後の二〇一七年八月には五〇〇人に激減という数字もある）、二位の二代目宅見組が四四〇人とされた。その後、任侠山口組が分裂し、組員数は減ったが、いずれにしろ神戸山口組の屋台骨が終始、四代目山健組だったことは動かない。

四代目山健組の組長は井上邦雄であり、井上はまた神戸山口組の組長も兼ねる。つまり井上は山健組という戦力をも掌握した神戸山口組のトップであり、神戸山口組に対する検証は当然、井上邦雄の検証に通じる。

任侠山口組は二〇一七年八月二七日、兵庫県尼崎市の真鍋組本部で発足以来二度目の記者会見を開いた。神戸山口組が任侠山口組について当局へのニセ情報提供をはじめ、ネットや口コミ、活字メディアなどで流すデマ、ウソ情報があまりにひどく、黙視できるレベルではなくなったことからの開催という。メディアの記者に声を掛けて集まってもらい、その前で、事実はこうだったと明らかにする趣旨だった。

会見では本部長・池田幸治があらかじめ用意した「告発書」ともいうべき文章を読み上げた。神戸山口組の結成がどうだったか、その経緯を語ることから、告発は始まるが、本章では第五章で詳細に結成の経緯について記したからカットし、それ以降、組長・井上邦雄批判の部分を紹介する。

池田が用意した文書は会見後、メディアに配られたが、会見の内容はほとんど取り上げられなかった。神戸山口組が抱える問題点を浮き彫りにするためには、それまでの経緯や状況を記すことが不可欠であり、長文を要する。多くのメディアにはその余裕がなかったのだろう。会見を開いた意図も、事実はこうだとする任侠山口組からの主張を広く知ってもらうことにあったはずだが、それもメディア側にはさほど理解された様子がなかった。

本部長・池田幸治が告発書を読み上げる。

〈(神戸山口組では) まず組織のためを思い、的確に進言・諫言する入江(禎)副組長の言葉に(井上邦雄組長が)耳を傾けず、入江副組長以上にストレートに進言・諫言する岡山の池田（孝志）組長（最高顧問）を遠ざけ、逆に茶坊主の如く甘言を繰り返す正木（年男）組長（総本部長）と、右向け右の寺岡（修）会長（若頭）だけを近づけ、つねに三人だけでコソコソとやり続ける始末。

その上、相変わらず、山健組組員びいきを繰り返し、山健組以外の、各組員に理不尽な思いをさせ続け、さらに神戸山口組の会費を三〇万、二〇万、一〇万円として表向き世間を欺きながら、裏では山健組の会費とプラス当時約一〇〇〇人の組員から各一万円、合計毎月一〇〇〇万円の吸い上げもやめない。

ほかにも一つ一つ挙げれば切りがないほどの悪政の数々の中で、一昨年（二〇一五年）八月二七日、名古屋方式を真っ向から否定して神戸山口組が立ち上がったにもかかわらず、神戸山口組への熱い思いと、責任感という心ある者の気持ちをズタズタにし、日を追うにつれ、組織全体の士気低下を招くに至ったのです〉

告発書の総論部分をまず冒頭に掲げている。組長・井上が犯した味方身びいきと過酷な集金をやり玉に挙げ、以下時間軸に沿って、井上の「悪政」がどうだったか、具体的に明らかにしていく。

ここで主要登場人物もスケッチされ、任侠山口組が悪玉を組長・井上と総本部長・正木年男ととらえ、彼らを結果的に助ける若頭・寺岡修についても否定的に理解していることがわかる。対して副組長・入江禎と舎弟頭・池田孝志は善玉である。

ここで言及される「各一万円」というのは組長・井上邦雄が〇三年五月、三代目山健組若頭になったときに自ら発案し、「三ヵ月だけだから」と周囲の反対を押し切り、実際に始めた「登録料」という山健組特有の費目での集金を指す。すなわち山健組本部に所属する直参（直系組長）は自分が抱える若い衆や舎弟一人につき毎月一万円を山健組に納める。つまり抱える直参が一〇人なら月一〇万円、五〇人なら月五〇万円を本部に納める制度である。もちろん月六〇万円、八〇万円にも及ぶ月の会費とは別の義務的な支払いである。

登録料というからには一度登録すれば後はただのはずだが、山健組では毎月「登録料」を納める。したがって登録料の集まり具合を見れば、山健組全体の組員数がおおよそわかるとされる。この「登録料」は弘道会でさえ実施していない制度であり、そのため山健組の集金は弘道会よりきついと評される理由になった。

池田 (幸治) 当初、(神戸山口組は) 盃なしの連合体を予定していましたが、急遽(二〇一五年) 八月二七日未明、日付変更と同時に、神戸市北区鈴蘭台、井上組長本宅にて盃を挙行し、わずか数ヵ月後「盃を交わしたことが失敗であった」という声が出始め、つまりは、盃を下ろした側の井上組長による数々の悪政が始まったわけであります。

入江、寺岡、池田(孝志)、正木(池田注=四名の大御所)がこのままでは神戸山口組は沈む。しかし、かといって、多くの若い者を巻き込んだその責任から、一年足らずで神戸山口組から脱退するわけにはいかない。神戸山口組の組織内部を改革するしか手はない。この四人の大御所がミーティングを重ね、出した答えが三つの改革案だったのです。

ここで第一回目の記者会見で、三つのうち一つしかお伝えしなかった改革案の内容をすべてご説明いたします。

「四人の大御所」とあるが、任侠山口組の気持ちとしては、正木年男を除いた「三人の大御所」と言いたいところのようだ。正木は他の三人に断りなく事前に組長・井上邦雄に改革案の内容をチクる（密告する）など、改革に逆行する役割を果たした。だから正木は役職上、大御所とはいえても、排除したい気持ちなのだろう。

また当初、神戸山口組が「盃なしの連合体を予定」との記述は、任俠山口組により初めて明かされた事実である。神戸山口組では発足後すぐそれが崩れ、盃事が行われた。任俠山口組はこれを苦い教訓として設立時に、「盃なしの連合体」にした可能性が強い。いわば神戸山口組が任俠山口組の反面教師である。

池田　一、井上組長に神戸山口組本家親分に専念してもらう（池田注＝山健組を次の五代目体制にして、名実ともに［山健組を］神戸山口組の下部団体とする）。

二、織田代行に山健組副組長兼任を外れてもらい、山健色を消した上で、神戸山口組若頭代行から、のちに（若干、日時を置いての意）若頭に就任してもらう（池田注＝その際、山健組から少なくとも織田一門を織田代行につけ、活動をしやすくしてもらう）。

三、山健組の跡目（つまり井上の後の五代目山健組組長）については、内政干渉となるため（言及したくないが）、中田（広志、現四代目山健組若頭）でもよいが、（中田では）一つにまとまらないのは明らかなので、四分割ないし織田一門を合わせると五分割とし、新たに四名を神戸山口組の直参に昇格させることで、中田五代目の盃は飲まないと反発する多くの山健組直参組員のそれぞれの意志を尊重してやり、五つの中から好きな組織を選ばせてあげることで、神戸山口組という船から降りる者が、一人でも少なくなるようにする。

ここで言及された「織田一門」とは織田特有の現象かもしれない。第二章で織田が率いる邦尽会を金澤成樹に、織田興業を紀嶋一志にそれぞれ譲って代を代わり、直参に取り立てさせたと記したが、こうした金澤成樹、紀嶋一志などが織田一門の例である。

織田がかつて率いた組の後継幹部、あるいは率いないまでも指導した組の幹部は織田に私淑し、どのように組織替えがあろうと、織田に指導を仰ぐことが多い。織田にカリスマ性があるといわれる所以《ゆえん》だが、織田は山健組傘下で影響力を及ぼせる直参団体を少なくとも一一団体抱えていた。これが「織田一門」である。さらに織田シンパになると、その数はさらに増え、任侠山口組に参加した三〇団体はむろんのこと、現在も四代目山健組に、しがらみやシノギ、利権など個々の事情から残留している者の中にも織田シンパは多数存在する。

対して中田広志を支持する声は四代目山健組ではたしかに少ない。二代前の若頭である健國会・山本國春は組長・井上邦雄のために、善くも悪くも尽くせるだけ尽くしたといえる。だが、中田には、山本國春が持ったような熱や本気さが感じられず、渡辺芳則の未亡人宅に親しく出入りしてその寵愛を受けるなど、器用に世渡りしてカネ儲けがうまいだけといった印象がある。

池田　さて次にこの三つの改革案を、先に触れた四名の大御所を代表して寺岡若頭が井上組長に進言することが決定しました。その日時は神戸山口組結成一周年にあたる（二〇一六年）八月二七日から九月五日の間となったのです。

その前に三つの改革案の中に織田代行の名前が挙がっていたため、寺岡若頭が「代行、腹を確かめたい」と織田代行に三つの改革案すべてを話した上で、

「代行、組長と若頭が山健、山健となったら、名古屋と同じことになる。山健から出て神戸（山口組）の若頭を（自分と）交代してほしい。俺も限界やねん。もう年やから。これは俺一人の考えと違うから。四人の総意やねん。四人とも代行しかおらん

と、代行に託しとるから。正木の兄弟も代行に懸ける言うてるねん。ホンマやで」

（池田注＝寺岡氏が正木氏の名をあえて挙げたのは当時、古川組内権太会組員が山健組内健國会組員に重傷を負わされた件で、まず井上組長と織田代行が衝突し、その際、古川組後見役の正木氏が山健組の肩を持ったことから織田、正木両名の間に深い溝ができ、そのころから関係が悪化していたことを、寺岡氏が察知していたためである。だからこそ、その正木氏ですら織田代行に神戸を託すと発言しているのだと、付け加えたのである）。

袂を分かった理由

神戸山口組が分裂・旗揚げして間もなく尼崎の二代目古川組（組長・古川恵一）が六代目山口組を出て、神戸山口組に参加した。が、ほどなく山健組内健國会の幹部が古川組の組員を刺し、重傷を与える事件が発生した。この事件の処置をめぐり、織田は組長・井上の人間性を見る思いがしたという。ほぼ一年後、神戸山口組と袂《たもと》を分かって、任侠山口組を旗揚げする理由の一つになった事件である。

筆者が池田にインタビューした際、この事件についても聞いている。池田はこう語っていた。

池田　代表はこの人（組長・井上邦雄）の人間を見てしもうたんです。見たくなかったでしょうけど。言うてることとやっていることが違う。自分の私情のために古川組を庇わなかった。相手は健國会ですよ。井上組長からすると、思い入れがある、かわいい健國会。（古川組を）庇わないで、神戸山口組を立ち上げたときの言い分と真逆のことをした。これ見てしまった。

古川組が言うてる。（健國会組員は相手が）古川組とわかった上で六回刺しよった。たまたま死なんかったけど、医者が言うには、脂肪がガードとなった。ＩＣＵ（集中治療室）で数時間をかけて大手術し、一命をとりとめた。古川組は大阪府警が（現場に）バーッと来たけれど、健國会のもんを守り通して、一切事件にしなかった。

このとき、（織田は）井上組長とサシで話して、これ（健國会の実行犯）を絶縁しなかったら、神戸（山口組は）沈みますよ、終わりますよ、と、代表はここまで言いました。今まで代表は全国で何を言うてきたんですか。（内部でトラブルがあったときには）山健を厳しく（罰）する。それくらいしてちょうどいい。だから皆さん、安心してほしい。山健じゃ、山健じゃ（と肩で風を切る）、五代目当時の山健には戻らせない。（井上組長は）凄い人、公平な人なんだから、と一生懸命言うた。

それはなぜかと言うと、そういう（人）じゃないと、裏表のある人だと代表は実は知っていたから。心の叫びですよ。で、（組長・井上は）代表がどこで何を言うたか、裏を取る人です。代表はだから各会合一〇〇人以上いる場でも、いつも言いました。（組長・井上のことを）珍しい人や、公平な人や、と。カネに頓着（し）ないんだと。本人（組長・井上）の耳にわざと入るように。

それはなぜかと言うと、そうなって下さい、という思いがあった。ここで変わって下さい、今までの山健の一〇年、表向きは違いますが、中はめちゃくちゃだったらしいから。

（組長・井上は）表向き、いい人を演じさせたら天才。本当は家の中では違う（面）があったんです。だけど、そこで代表がガンガン言うことによって、それを届けたかったんです。（組長・井上には）ドキッとしてほしかった。何かトラブったときには山健側を厳しくする、それを言っていたわけです。井上氏にもそうしてほしかった。たとえフリであっても。

しかも、敵さんに向いて（六代目山口組を意識して）、表向きにせよですよ、音を鳴らすな、つまり道具を使うな、光もん（を）使うなと言うてるのに、家の中でやった。多勢に無勢で健國は六人、七人くらいおったんです。その場にいた全員を絶縁（せよ）とまで言いません。古川（組の組員）とわかって、仲間とわかって、刃物で刺した実行犯一人だけでも絶縁せんと（神戸山口組は）沈みますよ。こんな馬鹿な、と。

その後、代表は淡路に、（若頭の）寺岡さんに頼んだんです。懲罰委員会を作って下さい、と言うたんです。懲罰委員になれば、この事件でも、古川組は担当者・正木となってましたから、古川組（問題）は正木の頭を越えられず、ちゃんとやってくれるだろうと、思ってた。ところが、正木は古川組を見捨てた。この時点で代表は確信しました。（正木は）偽物だったのだと。

その後に懲罰委員会（を作れば）、正木であろうが、飛び越えて神戸山口組と名のつくとこ、トラブったらその日のうちでも当事者（を）呼んで、調書をまく（調べる）ことができるんですわ。懲罰委員に任命されたら実際（厳しく）やりますから。そのために懲罰委員会を作って、委員の端っこでもいいから置いて下さいと、代表は寺岡さんにこう頼み込んだ。

（懲罰委員には）当初、古参の人を何人か入れると思ってたんですが、四人の大御所で考えて、織田、剣、私となった。こういう流れなんですよ。それでも結構です。これから三人で、山健びいきをさせん懲罰委員をやろうじゃないかと。当時、まあ熱く、今思うと懐かしいですね、黒誠（剣政和）も熱かったですから。その当時は。

話は戻りますけど、正木との距離もあいてましたけど、「四人の総意だと、正木の兄弟も代行（織田のこと）しかおらん、代行に託したんだ」と言うたのは、そういう関係を知っていたから。入江の副長、池田の舎弟頭、これはもう（組長・井上に）ガンガンいきます。これからは代行（織田）を推していこうと。これは、（発足後）半年を過ぎたあたりですかね。（二〇一六年）一月、年明けには、もう平気で口に出すようになりましたから。

まさかという（組長・井上の）人物像を入江の副長も、池田の舎弟頭も、寺岡の頭も、見てしまったんですわ。つまり、この神戸の今のトップの人間性を見てしまった。それくらい（組長・井上は）手のひらを返した（感じがした）。信じられんかったですわ。

組長・井上邦雄は内部でトラブルが起きた場合、絶対、味方身びいきの裁定をしてはならない立場だった。だが、井上は山健組可愛さで、従来通り山健組系をたしなめることができなかった。それも一度ばかりか二度、三度と繰り返した。山健組以外の者が井上に愛想《あいそ》を尽かすのも理解できる。

池田　寺岡若頭の問い掛けに、織田代行は「錚々たる叔父さん方のお言葉、男冥利です。山健から出て、神戸（山口組）に専念して、がんばります。ただし、自分はまだ四九（歳）の若僧です。頭（寺岡）は頭のままでどんと座っておって下さい。自分はこれまで通り（若頭）代行の方が動きやすいですし、（寺岡には）西（俠道会）との外交の件もありますから」と返答したのです。

つまりこの時点（二〇一六年八月）で織田は山健組を出る、神戸山口組の若頭（代行）に専念すると、寺岡修の話を了承したのだから、任俠山口組の分裂後、井上邦雄が主張する「織田は中田広志と争っていた山健組若頭の座を中田に取られた。それで腹立ち紛れに神戸山口組を分派・独立した」という言い分は成立しない、井上の悪意ある口コミ、デマだと言いたいのだ。

たしかにそれはその通りだろう。時系列でたどれば、任俠山口組の主張通りだし、上部団体神戸山口組の若頭に指名されている織田にとって下部団体山健組若頭（もしくはそれ以降の五分割される山健組組長）の座が魅力的だったとは思えない。因習と悪習にまみれた山健組を継承するより、織田はわが道を拓《ひら》く方である。その証拠がここにも登場する「織田一門」である。織田は組員に対して「魔法的」と評したくなるほどのカリスマ性を持っている。

さらに織田一門のメンバーからは「織田ブランドが山健ブランドを超えるときがきた」「山健では神戸山口組の若頭になれない。早く山健色を消して神戸の若頭を受け、神戸のために山健の襟を正させるべき」「反山健だらけの業界で、山健は逆に今後、織田の将来にマイナス」という声が以前から上がっていた。

池田（幸治）　当初、寺岡若頭は、わが身の進退を懸けてでも井上組長に承諾してもらうと公言していました。ところが四名の大御所の一人、正木総本部長が、寺岡若頭が進言するその前に、三つの改革案の内容を独断で井上組長へチンコロ。

それが昨年（二〇一六年）八月二〇日から二三日くらいの出来事であり、それから例のサイン事件までの約一〇日間で神戸山口組にとっての最悪かつ絶望の出来事が三度連続して起こったのです。

まず一つ目は（組長・井上による）黒誠会・剣（政和）会長（神戸山口組若頭補佐兼懲罰委員）と、私、池田幸治（当時の役職は剣と同じ）への暴言の数々。

二つ目は井上組長自ら淡路島の俠友会本部事務所に乗り込み、寺岡若頭に対して「あれもこれも（三つの改革を実行しろと）言うなら組長（を）降りる。頭、組長（を）代わってくれ」という発言。山健組抜きで（神戸山口組を）やれるものなら、やってみろという脅しに、残念ながら寺岡若頭は屈してしまう。

三つ目、これが正にとどめとなったのですが、前代未聞の、「サインください事件」を密かに愚行（強行）する。

以上三つのことが最終的に組長・井上邦雄に対する愛想尽かしの原因になり、分裂して任俠山口組を結成させたというのである。以下、池田は一つ一つ順に説明していく。

黒誠会とのトラブル

池田　一つ目の黒誠会会長及び私、池田幸治への暴言についてですが、これは正木総本部長が井上組長へチンコロした翌日、ないし翌々日、つまり昨年（二〇一六年）八月二四日から二五日あたりの出来事で、場所は花隈の山健会館ビル三階の大会議室。（出席）メンバーは、当時の役職で言いますと、井上組長、正木総本部長、毛利本部長、太田舎弟頭補佐、そして当事者である剣若頭補佐、私、池田若頭補佐。

このとき皆で雑談する最中、いきなり井上組長が「おい、真鍋（池田幸治）、お前、何笑ろうとんや！」から始まり、「おい、剣、お前、何ふてくされとんや！　植野（雄仁・山健組系二代目兼一会会長＝大阪中央区）の件が気に入らんのかい！　植野はわしの若い衆や！　お前、植野の代わり（を）できるんかい！」

それを見ていた毛利本部長は言葉なく絶句し、唯一、太田舎弟頭補佐のみ、

「親分、何を言うてまんねん。二人とも、全国回って一生懸命頑張ってまんがな」

と、救いの言葉を投げかけてくれたのです。

正木総本部長は役職柄、太田舎弟頭補佐以上に（我々二人を）庇うと思いきや、逆

に毛利、太田両名を会議室から外へ連れ出し、なんと正木本人も外へ出て行ってしまったのです。残された黒誠（剣）、私の両名はそこから約三〇分間、（井上から）暴言という次元をはるかに超える罵倒を受け、ヤクザとしての心が折れるほど、罵り続けられたのです。そして最後に、

「誰が（わしに神戸山口組の組長になってくれと）頼んだんや！ お前らが神輿になってくれ言うたんちゃうんかい！ お前らが（わしという神輿を）担いだんやろ！ なんやったら（組長を）代わったるど！ 剣、お前今日から神戸（山口組）の組長せえ！」

と、わめき散らすという悪態をさらしました。

このときの兼一会・植野と黒誠とのトラブルは、約一ヵ月も前に手仕舞いしておりました。しかも植野に非があるにもかかわらず、黒誠が辛抱することで、植野は一切処分もなく終わった話だったのです。それを（組長・井上は）蒸し返したわけです。

若頭補佐・剣政和が率いる黒誠会と山健組系兼一会とのトラブルとはどういうものだったのか。伝え聞いた概略を記す。

剣政和はもともと京都・右京区の生まれ育ちで、家族ぐるみでつき合っている近所の知り合いの倅、津田某を自分の舎弟にしていた。剣は数年前、どういう事情があったものか、この津田を絶縁したが、二代目兼一会の会長・植野雄仁が津田を「くれ」と剣に言ってきた。六代目山口組に走ったら、どうするんだと詰めに来たのだ。

剣は、「俺の地元の男で、どうしても、この津田だけはヤクザさせられん。認められん、辛抱してくれ」と、植野に渡すことはできないと断った。だが、植野は引かない。すでに津田を出先の舎弟にしている。

剣は困り果て、若頭の寺岡に相談した。寺岡は植野を呼び、

「剣は植野が津田を舎弟にしているのは認めると、ひとまず器量を見せてくれた。だが、それは私的な舎弟であって、津田には兼一会の敷居もまたがせたらあかんぞ、あくまで個人的な舎弟だ」

と、調停した。植野は寺岡の裁定なら仕方がないと渋々、これに納得した。が、数ヵ月後、植野のカネ二〇〇〇万円を津田が溶かしてしまった（カネを借りて返せなくなった）。植野は「おんどれ、どないなっとんねん」と津田を詰めに詰めたら、津田はガス自殺してしまった。その上、植野は津田に溶かされた二〇〇〇万円を

少しでも取り戻そうと、家族葬を装いながら、事実上の組葬を営んだ。組員を会場に大勢立たせるなど、大々的な葬儀とあらば、剣の違約が明らかになり、地元の者に顔向けできない。約束をたがえた以上、自分自身も「ヤクザできひんがな」と植野に電話しようとしたが、つながらない。兼一会に電話しても、植野には連絡がつかない。

仕方なく剣は黒誠会の若頭を葬儀に行かせ、後々葬儀をやった、やらないで水掛け論にならないよう、葬儀の模様を写真に撮らせた。供された花輪には住吉会幸平一家総長・加藤英幸、浪川会会長・浪川政浩、神戸山口組の直参たち、四代目山健組舎弟頭・生島仁吉など、錚々たる名前が連なっていた。

植野は二〇〇〇万円には届かなかったろうが、とにかく集まった香典で可能なかぎりカネを回収しようとした。

剣としては、この葬儀を素直に認めるわけにはいかない。懲罰委員同士、つまり剣が、池田、織田に相談し、若頭・寺岡の元に行き、初めてこの議題を懲罰委員会のテーブルに乗せた。山健組がらみの揉め事はとかく揉めるからだ。

次の日、総本部長・正木年男、副組長・入江禎、舎弟頭・池田孝志を加え、緊急拡

大懲罰委員会が開かれた。入江はこの根回しに動き、剣が男前になるよう落としどころを決めた。すなわち、剣に次のように発言させたのだ。

「いろいろ思うところはあるが、植野さんなりに山健組で頑張っている。功績も挙げていることだし、今後とも頑張ってもらいたいから、今回の件は植野さんを不問ということでお願いしたい」

この発言で一応、剣は男前になった。植野には口頭注意というだけで、いっさいのお咎めなし。津田の自殺が一六年六月から七月、その一ヵ月後には、このトラブルはひとまず解決していた。

ところが組長・井上邦雄がこの話を蒸し返し、相変わらず山健組への味方身びいきを露骨にさらすことになった。

池田によると、組長・井上邦雄による黒誠会・剣政和、真鍋組・池田幸治に対する悪態をさらに精細に伝えると、こうなる。井上がどう配下にイチャモンをつけるのか、面罵するのか、興味深い。場所は前記したように山健会館三階の大会議室である。

池田　まず（組長・井上に）因縁をつけられたのは自分ですわ。みんなが座る席で自分は端におった。井上組長が入ってきて、

「おう真鍋、夏休みに何しとったんや」

と言うたから、

「いや別に。何もこれといって」

と、こういう言い方をした。親方に対して普通に。仮にも上司に対して、なんもしてまへん！　とは言えへんから、普通に、何もしてません、と話したら、（組長・井上は）

「お前、何笑ろてんねん！」

（組長・井上は）もうその日は言うたろう、思っとったんでしょうね。

（組長・井上は）頭いっぱいです。（総本部長・正木が密告した）三つの改革案（を伝えられる日）が数日後に迫っとるし。さぁ、どうしよ、さぁどうしよ、言うてるときです。

（組長・井上としては提案を）断る理由が要るから。これで頭がいっぱい。（提案を）潰さなあかん。このガキら何か考えとる。自分でぐりぐりになってしもて、何笑ろて

んねんから入って、（池田の）横に黒誠（剣）がおったんですわ。

「おい、こら、何笑ろてんねん」

「親分、何言うてますのん、笑ろてませんよ」

言うたら、

「笑ろてるやないかい、コラ、おら、剣、お前もなぁ、植野が気に入らんかったら、自分でタマ（相手の命）でも取らんかい。コラぁ、お前が何できるんじゃ、コラぁ、いつまでスネとんじゃい」

って言うて、黒誠も何のことかわからんから、いやあとなったときに、あの人（総本部長・正木）は、

「おい、親分に何したんや、お前らよう怒ってもらえ、わしら出とくから」

て。毛利さん、太田さん、皆出よう言うて、部屋からみんな出して。このときも、井上・正木コンビでコソコソとカマシ上げる話ができてたんでしょう。（私ら二人を）晒《さら》しもんにして、

「親分、よう思ったことを全部話したって下さい」

扉が閉まりました。地獄の二〇分から三〇分ですわ。最初から最後までこの三〇分

間（組長・井上は）ずっと唸り続けて、自分は、かいつまんで言いますけど、

「お前はコラ、（わしは）お前にどんだけしたったんだ、どんだけカネ使ったんじゃい、お前にどんだけ（のこと）したったんじゃい！」

自分がたとえば笑ろたとしても、笑ろただけでそんな話になります？（組長・井上も）ずっと真心からしてるんじゃないんですよ。

「お前にどんだけしたったんじゃい、お前が何ができるんじゃ」

こうも言いました。

「誰が俺をこの席に座らせたんじゃい」

座らしたって言うたんですよ。

「こら真鍋、剣、誰が（わしを）ここ（組長の座）に座れ言うてん、誰や、誰や、誰や！」

言うて。何回も連呼して。黒誠がしぶしぶ、「我々です」言うて、

「そやろがい！　いつでも代わったらぁ、剣、お前、おれが立場を代わったらぁ、今日からお前、親分せい！　いつでも俺辞めたらぁ。こら真鍋、お前が（神戸山口組の組長は）俺やないとあかん、言うたんちゃうんかい！」

「それはそれで話が……」

「できとらへんわい！」

もう何言うても、とにかく鬼の形相で、もう頭が飛んでるような感じの。教育する感じの怒り方じゃなくて、病的でしたね。色々見てきましたけど、あんな顔ははじめて見ました。ほんで、きな臭いことも言いました。（岡山で弘道会のため殺された池田組若頭）高木は（私の）いちばんの兄弟分やった。

「どないなっとんじゃ、コラ、お前、（高木若頭の報復を）どないすんのんじゃい、何でも俺がせんとあかんのかい」

「いや、します」

と、（組長・井上は神戸山口組の設立時）言うて立ったんですよ。荒事（抗争）から何からするから、皆さん、とくに副長（入江）には、副長にも舎弟頭（池田孝志）にも、「船に乗ってもらうだけでいいですから。後はもう全部わしがやるから」という話があったんです。にもかかわらず、

「俺が全部せんとあかんのかい。二四時間全部人に気つこうて、また明日何思われるのかな、こうかな、ずっと俺が気つこうておかなあかんのんかい」

これは要するに我々二人にも言うてるんですけど、ちゃいますねん、池田、入江、寺岡いうたら、正木だけ入ってない、この三人に向けて言うとんですよ。まさしくそういう文言ですから。俺が気つかっとかなあかんのんかい、だから味噌もクソもいっしょになって言っとるんですよ。こっちにね。

まず、今回立ち上がった、神戸山口組の大義趣旨からして絶対吐いてはいけない言葉を一つ吐いとるんです。それは道中に黒誠に、ぐあーと言うたときに、「植野は俺の若い衆じゃコラ」言うた。

「お前、植野になんの恨みがあんのじゃコラ、なんかあるんやったら、（命を）取らんかい、おのれで取ってまわんかい、拗《す》ねやがって、植野は俺の若い衆じゃ。植野がやることお前にできるんかい」

と、こうきたんですわ。植野は、植野は俺の若い衆じゃ、お前らに言われることない、俺の若い衆じゃ、を連発してましたわ。「お前に何ができるんじゃ、今まで何したんじゃ」

お前らがそう言うから、俺は担がれたんや。また話をすり替えてます。だからものすごく都合のいい人で、へたしたら病的に思い込んでるかもしらん。さきほどの流れ聞いてたらわかるでしょ。

次に黒誠、私への暴言の翌日、八月二六日から二七日ごろに、今度は井上組長自ら、（淡路島の）俠友会本部へ乗り込み、三つの改革案を想定して「あれもこれも（しろと）言うなら組長を降りる。頭、組長を代わってくれ」という脅しも含めた二度目の悪態をさらし、この日の内容を寺岡若頭から聞いた大御所の方々は口々に「剣と真鍋（池田のこと）の件も、組長を降りる件も、遠回しにわしらに言うとるんや。改革したないんやったら、好きにさせ。もうええ」と呆れ果ててしまいました。


組長・井上により内部の争いに関し、山健組びいきの裁定が下された。本来、弘道会の味方身びいき路線を否定して、神戸山口組が発足したのだから、組長・井上は厳しく山健組びいきを慎まなければならなかった。

織田が二〇一六年三月、都内で開かれた会合および全国各地の会合で「仮に（神戸山口組の）内部でトラブルを起こした場合には、山健組側を重く処分するから肝に銘じておくように」と発言したことは前に触れた。織田としては井上の山健組びいきをとうてい黙認できなかった。

読者は不思議に思うかもしれない。組長・井上が「組長を降りる」と言うなら、降りさせればいいではないか、と。が、これは神戸山口組の執行部にとって乗れない話だった。井上が「組長を降りる」と言うのは、おとなしく井上が組長を降り、従前通り神戸山口組に留まる意味ではない。

以後、山健組として一本でやっていくという意思表明であり、神戸山口組から山健組勢力が差し引かれる事態を招く。残された神戸山口組は弱小団体の集合になり、なおかつ六代目山口組、それに山健組を腹背に受けて、存続を図らなくてはならなくなる。山健組は神戸山口組にとって軍隊なのだ。軍隊として本当に強いかどうかは別にして、「強いイメージ」を周辺の暴力団に与えている。弱肉強食の暴力団世界にとって「強いイメージ」は絶対に欠かせない。

とすれば、神戸山口組は永遠に井上の山健組びいきと不公平な裁定を受忍しなければならない。それを唯一破れるのが織田絆誠だった。彼は山健組に一五年間在籍して「織田一門」という勢力を扶植《ふしょく》してきた。山健組勢力を分割し、「織田一門」を外に引き連れることで、井上の桎梏《しっこく》から脱し、新団体を結成することができる。それが任侠山口組だったという言い方は可能だろう。

サインください事件

池田（幸治）そして最後にとどめとなる、前代未聞のサインください事件が、その数日後の（二〇一六年）九月五日に起こってしまったのです。

サインください事件の狙いと目的は大きく分けると二つあり、一つは当時、織田代行が汗をかき、進めていた二つの山口組を一つにするという流れを潰すため。

もう一つは織田代行にサイン事件の責任を擦《なす》りつけ、織田代行のそれまでの評価を落とすため。

サインください事件とはどのようなものだったのか。

二〇一六年九月五日、午前一〇時四〇分ごろ、六代目山口組組長・司忍は定例会に顔を出すため、新幹線で新神戸駅に到着した。と、神戸山口組系の組員らが手に手に色紙とペンを持ち、「サインくださーい」と大声を上げ、司の方に殺到したという事件である。

サインください事件はどのように企画、遂行されたのか。任侠山口組金澤成樹によれば、企画したのは井上邦雄本人と言う。

金澤 入江組長、寺岡会長、池田組長、織田代表はもちろんのこと、山健の伏見（繁造、当時若頭）さんも、生島（仁吉、舎弟頭）さん、與さん（則和、本部長）の三役。三役全員にシークレットにして計画が進められました。

現場の者は一五分前にサイン色紙とペンを渡された。井上組長は中田（広志、現・若頭）だけ呼んで伝えた。中田は次に小島さん（大亨、小嶋会会長）、山健の直参で神戸責任者の小島さんはあくまでも幹部で、その上の執行部に神戸ブロック長がおります。これが橋本憲一（橋本会会長、現・山健組若頭補佐）です。ここを飛ばして、直接、小島さんにこそーっとやらせた。小島さんが織田シンパだったからです。小島さんは、こんな大それたことは当然、神戸山口組の首脳部も、代表も承知のことと考え、彼なりに覚悟を決め、動いたが、事件後、代表にカマシ上げられています。

神戸ブロックの者、四〇～五〇人を（事前に）集めて、こう言ったらしい。それぞれ自分の親分にも、報告せんでいいと。三日ないし四日、あっち行け、こっち行けと指示したらしい。現場の子らも何がどうなっているかわからん。ガサ対策や言うたり、会津小鉄会がどうの言うたり、お客さんがくるから言うたり、三日間ぐるぐる（言い分が）変わりました。

俺らはこれ何のためやらされとんやろか。そんな中で当日、いきなり新神戸（駅）へ行けと言われたそうです、突然。で、一〇分、一五分前に小島さんが中田に言われた通り、それまで一切誰にも言わずにいた色紙とペンを現場の子らに渡して、いまから六（司忍）が来るから、「サインくださいと言え」と。なぜこうまでして一切準備情報を外に漏らさなかったか。頭の正常な人間に反対されるのがわかっていたからです。

周到な準備の上、司忍をコケにしたことは事実である。本部長の池田が続ける。

池田　要するに（組長・井上は）四名の大御所が出した三つの改革案の三つとも気に入らず、山健組利権を手放したくないのはむろんのこと、中でも「織田を若頭に」「神戸山口組は織田に託す」と皆が織田、織田と連呼し、本来我が子が組織の内外から認められれば、喜んでみせるのが親分のあるべき姿でありますが、逆に嫉妬し、焼き餅をやき、猜疑心の塊となるのが井上組長の隠された本性であり、その上いかに織田の頭を押さえつけようかと少数の者と密談し、たくらみ、さらにそれをいつも見事に実行に移すのが井上組長のこれまでのやり方であります。

それが証拠にサインください事件の直後から「親分、あんな恥ずかしいこと誰がやらせたんですか！」と、あちこちから連絡が入るその度に「俺は知らん！ 誰やろか？ 織田やろか？」と、皆に返答し続けるという我々凡人の想像を絶する、二度とお目にかかれぬお人です。

しばらくは四人の大御所（池田注＝正確には正木を除く）も絶望の中、「神戸の船が沈んでも仕方ないがな」と半分投げやりな思いでいましたが、それから約一ヵ月後の一〇月に入り、再度入江副長が音頭を取り、

「三つが嫌と言うなら、一つずつ改革を進めて行こうじゃないか」

と、他の三名に呼び掛け、再度、改革案の話し合いの場を持ち、結論として三つのうちの一つ、織田代行に兼任を外れてもらい、先ほどお話しした通り神戸山口組に専念してもらおうとなったのです。

一〇月上旬、四人を代表して寺岡若頭が井上組長に進言。すると前回とは打って変

わって、すんなり井上組長が快く了承。ところが、「織田一門は（織田に）渡さない」「（織田一門の）一一団体のうち半分の五、六団体なら渡してもよい」。しばらくすると、「やっぱり二、三団体、一〇〇から一五〇人くらいにしてくれ」。

正木氏を除く三人の大御所は呆れ果てたが、当人である織田代行はそれ以上に呆れ、最後の最後には、邦道連合一社でよいと、返答するに至りました。

それでもずるずると決断をしない井上組長に、入江副長、池田（孝志）舎弟頭両名が、早くするように再三再四頼むと、井上組長のその都度の返答は、

一回目、一二月一三日の納会までには。

二回目、年明け早々には。

三回目、入江副長が退院したら（二月ごろ）。

四回目、桜が咲くころには。

結果、だらだらといつものように優柔不断で決断できず仕舞いとなり、とうとう四月三〇日、任侠山口組結成に至ったのです。

過去、組長・井上邦雄は何度も男を上げるチャンスに恵まれながら、その都度、決

断できず、男を上げられなかった。優柔不断病はこのときにも再発し、またまた何も決められない状態に陥ったのかもしれない。気持ちが優しいから優柔不断なのではなく、おそらくどうすれば自分の利益が最大化するか、あれこれ考えるから決断の時期を逸するのだろう。

池田　その道中、入江副長の主張は、

「寺岡（が若頭の座を織田に譲る際、寺岡）を降格という形にしてはならない。尾道（池田注＝侠道会）をはじめ中国五社会との今後の外交上よくない。（寺岡を）俺の座布団（池田注＝副組長）に座らせればよい。または俺の上座の組長代行にするのもよい。神戸山口組の改革ができるなら、俺は舎弟でも顧問でもなんでもよい。織田に最低でも織田一門をつけて力をつけさせ、若頭として任せればよい。神戸山口組が勝つためにはそれしかない」

また池田（孝志）舎弟頭の主張は、

「寺岡が一周年の八月二七日、織田と若頭を代わってほしいと言うが、それはよい。ただしまた織田に山健組改革当時と同様の憎まれ役、嫌われ役をさすつもりか？　頭

（池田注＝寺岡）が前に立ち、三つの改革をやり遂げ、きれいに掃除した上で織田に若頭のバトンを渡してやれ。それが一家の若頭のつとめであり、若い者を育てる我々年寄りのつとめじゃないのか」という内容でありました。

組長・井上を除き、神戸山口組の首脳たちはここまで織田絆誠を買っている。織田を若頭にして任せなければ、神戸山口組は勝てないという評価はやはり並の評価ではない。副組長・入江も舎弟頭・池田孝志も神戸山口組の生き残りを真剣に考えている。だが、組長・井上だけは山健組の力を過信しているのか、神戸山口組の存続より自分が思うままに振る舞える地位、立場、山健利権に固執しているように見える。配下は情けなく思うにちがいない。

池田　最後に任侠山口組の結成後について二、三触れておきますと、井上組長自身の口から信じがたい言葉の数々が次々と発信され、井上組長の隠された裏の人間性を残念ながら再確認せざるを得ない現状であります。いくつか例を挙げますと、織田を殺《や》る、織田を殺ると感情を剝き出しにした上で、

一、（織田は）司から一〇億もらっている。
一、（織田は）岡山池田から五億もらっている。
一、（織田は）山健の跡目が取れないから出ただけで、俺は何も悪くない。
一、「織田は（神戸山口組の）絶縁者だから一切つき合いしてくれるな」とあちこちの他団体に、井上組長自ら連絡。しかし、よくよく考えると、井上組長自身も（六代目山口組の）絶縁者なので、お願いされた他団体も困惑する。

たしかに神戸山口組が任侠山口組について流すデマ、ネットなどへのフェイクニュースは無視できるレベルを超えている。デマのターゲットは織田代表に集中し、六代目山口組の若頭補佐・竹内照明を通じて、組長・司忍から一〇億円もらったとか、去年（二〇一六年）五月、弘道会系の手で射殺された池田組若頭・高木忠の仇討ちを池田組から請け負い、五億円受け取ったとか、ウソ八百を並べている。

任侠山口組の最高幹部が語る。

「織田代表は井上邦雄組長とは違い、昔からカネ儲けがヘタで、わずかな不動産を全部担保に入れながら、今でもやりくりに四苦八苦している」

当人は、

「一〇億だの五億だのというカネがあれば、若い者に『これでとりあえず急場をしのげ』と配ることもできる」

と、漏らしている。デマももう少し真実味のあるデマを流したらどうなんだと言いたい。

神戸山口組は匿名で発信人名を隠してウソ情報を流している。ヤクザが正々堂々と記者会見するのは馴染《なじ》まないと見る向きもあるが、対して身分、名前を隠してデマ情報を流す行為は記者会見をクサす前に、ヤクザの風上にも置けない、下《げ》の下《げ》と批判されよう。

池田　結論として要約すれば、一昨年（二〇一五年）八月二七日に挙行した神戸山口組立ち上げは、山口組史上類を見ない「大型分裂詐欺事件」であったということです。大義も志もない、上に立ってはならない人物が上に立ってしまったことにより、多数の者が命を落とし、多数の遺族が苦しみ、多数の男たちが今現在も逮捕、勾留されるに至るという取り返しのつかない悲劇が日本全国で起きてしまったのです。

昨年（二〇一六年）九月五日に巻き起こされた新神戸駅構内においての「サインください事件」によって、物の見事に潰された「山口組再統一への道」を、我ら任侠山口組が絶望の中から再度立ち上がり、不可能を可能にするべく真の任俠団体、真の山口組を再構築するためにも、今後とも茨の道を歩み続ける覚悟であります。

こうした内容の任俠山口組第二回記者会見は二〇一七年八月二七日、尼崎で開かれた。神戸山口組は翌二八日、神戸の新事務所で執行部会を開いたが、その席で当然、前日の任侠山口組の記者会見について話題に出たはずだが、それへの反論や態度表明はなかったとされる。九月八日に淡路島の俠友会本部で開かれた定例会でも、任侠山口組への反論は聞かれなかったという。任侠山口組の井上邦雄批判は微に入り細をうがって具体的だから、反論しようにも反論できなかったにちがいない。神戸山口組は無視・沈黙で対応するかと見られた。

だが、神戸山口組は反論の代わりに織田襲撃という暴力で応えた。

襲撃事件と護衛役の死

会見から約二週間後、九月一二日朝一〇時ごろ、任侠山口組代表・織田絆誠は大阪に出かけるため、車三台を列《つら》ねて神戸市長田区五番町の自宅を出た。織田は先頭の白いアルファードに乗り、自宅そばの路地から幹線道路に出ようとしたところ、いきなり前方斜めから黒のクラウンが突っかけてきた。幹線道路で待ち伏せていた山健組の襲撃第一班の車である。歩道部分には腰高の高さに車止めが立ち、織田の車はクラウンの横をすり抜けることができない。かといって後退しようにも後方には織田側の車二台が詰めて、退路を塞ぎ、織田の車は立ち往生した。

と、クラウンから山健組一勢会・黒木こと菱川龍己（事件時四一歳）が運転席ドアから飛び出し、両手で拳銃を構え、アルファード運転席に向けて引き金を引こうとした。このとき後続していた織田の護衛車、黒いプリウスから護衛役の楠本勇浩（任侠山口組系三代目北村組組員＝阪東浩組長、事件時四四歳）が飛び出て、丸腰のまま菱川に体当たりし、菱川を織田の車から遠ざけた。

織田の車はフロントグラスが防弾仕様ではなく、銃弾を撃ち込めば、とたんに貫通する。もともと織田が神戸山口組の若頭代行として全国の組織を激励して回っていたころ、防弾仕様車でないと危ないと、井上邦雄が織田に贈った車であり、山健組は当然、フロントグラスが防弾仕様ではないと知っている。

楠本は大阪の西淀川区出身で、若いときヤクザに籍を置いていたが、親方の出来が悪く、ヤクザ社会に失望し、足を洗って堅気でいた。母親との二人暮らしである。が、二〇一七年になって任侠山口組の発足を知り、同年五月、雑誌記事で織田の人柄と考えを知って織田に憧れ、ぜひそば近くで織田に仕えたいと任侠山口組の門を叩いた。当初から警護に入りたいと言い、織田のガードを希望した。任侠山口組では「いきなりでは無理だ。しばらく組の生活を経験してから」と楠本を諫めたが、楠本が「どうしても代表の警護をしたい、命を賭ける」と何度も言い出すため、根負けして北村組（大阪・西成）に預け、織田の警護車に乗り込むようになった。同年七月ころのことである。

楠本は菱川を幹線道路の中央分離帯の手前まで追い詰め、取っ組み合いになった。いったんは馬乗りの体勢にまで持ち込んだ。楠本の予想外の行動に焦った菱川は組み敷かれた姿勢のまま、二度発砲した。一発はクラウンの車体をかすめ、もう一発は近くの団地の外壁に当たった。

このとき三台目の護衛車、エスティマから当日の警護責任者が怒声を上げながら飛び出し、エスティマがバックして道を空けたところを確認した上、二台目のプリウスの運転手に車をバックさせるよう指示し、織田の車の退路を確保した上で、幹線道路の楠本に向かって「楠本、もうええ！　車、乗れ！　戻れ！」と大声で指示した。

楠本はいったん菱川から離れ、指示通り車に戻りかけたが、後ろを振り返ったとき、まだ織田が乗るアルファードが動けていない状況が目に入った。他方、菱川は立ち上がり、腰を落としてアルファードのフロントグラスに照準を合わせていた。楠本はアルファードをその場から逃がすため、時間稼ぎでとっさに手を広げ、菱川に向かって、「撃ってみんかい！」と大声で挑発した。楠本は自分を的に菱川の気を引きつけようとしたのだ。菱川は発砲し、そのうち一発がまだ車道にあった楠本の顔面に当たり、楠本は膝から崩れ、ゆっくりと仰向けになるように後方に倒れた。楠本の体半分以上が歩道に掛かっていた。

菱川は発射したままで呆然としていたが、数秒後、我に返ったとき、アルファードは楠本のとっさの働きで二〇メートルほど後方を走行しながら離れていた。

菱川はそれを見て計画が失敗したことを悟り、慌ててヘルメットもクラウンも置き去りにしたまま、西方向に歩道を走って逃げた。織田は警護責任者を現場に残し、救急車の手配を指示したが、責任者は「あきません。もう動きません」と知らせた。楠本は即死状態だった。

一五日、任侠山口組は尼崎の組事務所で故・楠本の「偲ぶ会」を開いた。当初、懇《ねんご》ろに弔うため大阪の寺院住職と約束、その寺で葬儀を営む予定だったが、兵庫県警が楠本の母親を説得、寺での葬儀を断念させたからといわれる。その後、任侠山口組の直参たちは事件現場に赴き、織田自ら近所の商店に「先日はご迷惑をお掛けしました」と挨拶に回った上、路上に簡易の献花台を設け、線香や花を供えて、楠本の冥福を祈った。楠本の働きに感謝する意味で死後の特進、直参（直系組長）への昇格が贈られたという。

また二八日、尼崎で定例会を開いたが、楠本の働きが間違って報道されているとして、事件の模様を詳細に記す文書が発表され、報道陣にも配られた。たとえば文書には次のような一節も記されている。

「本来、代表が乗る車のフロントグラスに向けての発砲を阻止した上、さらに黒木

（菱川のこと）を約一〇メートル、代表のアルファードから引き離し、警護隊としての任務は一〇〇％成し遂げた。その上、現場責任者の前田副隊長から『もうええ！　車に戻れ！』という指示まで受けた。ふつうなら、その場からプリウスに向かって離れてもなんら問題はなかった。ところが黒木から数歩離れながら、アルファードを確認したときにまだアルファードが動けてなかった。

そこで、まさに鳥肌の立つ思いだが、楠本は責任者の指示が出たにもかかわらず、とっさに独自の判断で時間稼ぎをするという行動に打って出る。

だからこそ『口論の末に挑発』したから弾かれたのではなく、あえてアルファードをその場から逃がす『時間を稼ぐため』に手を広げ、『撃ってみんかい！』と

またこうも記されている。

「因みに（防犯カメラに写っていた）緑の服を着た男だが、階段を駆け下り、勢いよく現場に飛び出したまではよかったが、その際、ちょうど右側の壁と左側の二台の車との間、約一・五メートルのスペースの延長線上に、本来、代表が乗るアルファードのフロントグラスに数発発砲し、アルファードを完全に動けない状態にしているはずの黒木が、アルファードから約一〇メートル先の中央分離帯付近で、逆に楠本に馬乗り

になって抑えこまれている場面がまともに視界に入り、その上、その場で動けないはずのアルファードとプリウスがギアをバックに入れ、まさに動こうとしている、さらに偶然ではあるが、怒声をあげて猛突進する前田副隊長の姿までが視界（左側）に入った。緑の男からすれば、小型自動小銃（おそらくウージー）を持って、勢いよく現場に出たものの、視界に飛び込んだその全てが想定外。一瞬にして頭が真っ白になったのであろう。自動小銃を代表が乗る車に乱射できずに、慌てて黒木を見捨てて逃げたのだ。後方の『第三班』黒のフルフェイスに黒の上下の男も慌てて走って逃げる。発射せずに逃げたことによって、代表はむろんのこと、通行する一般市民（すぐ傍に保育所がある）に被害が及ぶことなく、白昼の大惨事という事なきを得た。まさに楠本の想像を絶する行動が神戸市民の大惨事を未然に防いだのである。楠本こそ『真の任侠』である」

任侠山口組としては楠本の報復に立つ前に、まず兵庫県警の山健組、神戸山口組捜査の成り行きを見守らなくてはならない。兵庫県警の捜査は鈍く、遅いようだが、それでも組長・井上邦雄はいつ「組織的殺人」に問われるか、当分の間、気が抜けないにちがいない。井上は任侠山口組の分裂で織田絆誠を不倶戴天《ふぐたいてん》の敵としたために、襲撃を強行し、大きく失敗し、さらに窮地に追い込まれた。

井上邦雄は神戸山口組の組長に座るとき、副組長の入江禎に、就任後、五年間は入江の言う通りにすると約束したという。だが、井上は組長に就任後、半年もたたずに初心を忘れ、自分のやりたいがままに愚行を演じ始めた。

カネが好き、部下を信用できない、神戸山口組をこうしたいという展望も目的も持てない。井上は自分が組長でありたいとだけ願ってきた権力志向の人間だった。何をするかという施策ではなく、栄耀栄華を極めるという地位、状態に憧れてきた。神戸山口組組長は井上にとって人生の最頂点、つまり終点なのだった。

井上は本来、組長の器ではない、と断じられても仕方ないだろう。司忍と同様にである。

唯一、井上邦雄の功績は、神戸山口組を分派・独立するのは造反有理なのだと世間に宣言した点、それと山健組と神戸山口組の中で次代を担う織田絆誠を育て、（井上の意に反して）改革者として世に送り出した点だけだろう。

あとがき

筆者は途中断絶があり、また他の分野の仕事で手薄になった時期もあるが、約半世紀、山口組をテーマに取材を続けてきた。その間、代目、代目を仕切る首脳や幹部にも少なからず会い、インタビューしている。だが、織田絆誠のような人物には初めて出会ったと告白しておこう。

織田はこれまでの山口組の歴史に存在しなかった新しいタイプのリーダーである。これから山口組をどうしたいか、どう欠点を改めるか、明確な目標と展望を持ち、それを若い組員に向け、諄々《じゅんじゅん》とわかりやすく説くことができる資質と能力を持つ。大衆運動家的な資質というべきか、山口組が初めて持つキャラクターである。

また、これまで山口組のトップが陥りがちだった金銭欲や恣《し》意的な権力行使には関心を示さず、今のところそれらとは無縁である。彼は上厚下薄のヤクザ社会を変え、下からの収奪で上が栄華を極める業界を改めようとしている。この意味で織田は多数のための改革という「大義」を持つ。

六代目山口組の改革を求め、そこから脱出し分裂することを辞さなかった神戸山口組は「造反有理」を実践したことで、これまでのヤクザ倫理に風穴を開け、陋習《ろうしゅう》を脱した点で「大義」を持ったが、六代目山口組と同じ理由で任侠山口組に批判され、分裂されるようでは「大義」は以後、任侠山口組に移ったと見るしかない。

さらに織田は、目標を実現する戦力ともいうべき多数の中堅や若手から、強い信頼と支持を得ている。「織田一門」をその代表例として、山口組周辺の中堅若手層には多数の織田信奉者がいる。織田は理念だけではなく、組織実践力や兵力も持つリーダーなのだ。

また織田は単に山口組だけを俎上《そじょう》に載せるのではなく、広くヤクザ、暴力団をどう社会に受け入れてもらうか、それによりヤクザ、暴力団の存続を図りたいという全体的な目標と構想を持つ。ヤクザが「反社会的勢力」から脱するべく、ヤクザ革命という大目標を掲げ、すでに一部実践に入ったヤクザはこれまで皆無だった。

だが、たぶん今、ヤクザ、暴力団の組員であるということは、その者の人生で、これ以上はないほどのマイナスだろう。ヤクザ、組員を続けていて、いいことや便利なことは何もない。逆から見れば、ヤクザ、暴力団は警察や裁判所、メディアなど広く社会から冷遇され、差別され、世間の片隅で生きろとさえ言われていない。現在、かろうじて片隅で生きているのはヤクザ、暴力団が従来からのシノギにしがみつき、多少の利益を得ているからにすぎない。

ひるがえって、そういう者たちのリーダーであることに、何ほどの意味があるのか、という問いは可能だろう。それは、その通りかもしれないし、そうではないかもしれない。

ヤクザ、暴力団には、これこれの存在意義があると説明することは難しい。筆者自身は彼らがいなくても、日本はやっていけると見ているが、かといって現行のように、彼らを悪の元凶として扱い、最低限の生活を営む権利さえ奪うほど超法規的な、人権を無視・黙殺する規制と取り締まり、処罰がいいとはまるで思っていない。

深く考えたことではなく、単に予感的に思うだけだが、ヤクザ、暴力団には芸能人に準じるような「無用の用」があるのかもしれない。不良外国人グループを駆逐し半グレ集団を矯正する、いわば治安維持活動の補助をすることで、いずれ社会がヤクザ、暴力団の有用性を認めてくれるはずとする織田の主張に、筆者は半信半疑だし、だいたい警察が彼らの治安維持活動補助をすんなり認めてくれるかさえ疑問に思っている。

だが、世はさまざまである。中には織田の主張にもろ手を挙げて賛成する人もいようし、「任侠」の組織的再興に対し、世に容《い》れられるヤクザの原点を見る人もいるだろう。

だが、いずれにしろ織田の試みの成否はさしたる問題ではない。注目すべきは織田がヤクザ、暴力団はこのままの状態であってはならない、なんの考えもなく過去の生活を繰り返すなら、遠からず消滅するという問題意識と危機感を持っていることだ。

ヤクザ、暴力団は生産活動らしいことを何一つやっていないのだから、無用の者だといえば、その通りだろうが、日本には生産活動せずに、あるいは生産活動できずに、世を送っている者がゴマンといる。それだけ日本の生産力に余裕があるからだろう。

それに「善人なおもて往生を遂ぐ、いわんや悪人をや」という言葉もある。悪という行為ではなく、悪という存在は一般人にカツを入れる「何か」があるのかもしれない。

つまり山口組は警察、メディア、一般人に存在の基盤を掘り崩され、今や存亡の危機に立たされている。山口組がここまで追い込まれたのは戦後初めてのことだろう。だからこそ六代目山口組は目標を失って混迷し、神戸山口組を派生させた。神戸山口組は結成時の初心を忘れて任侠山口組を分裂した。分裂するごとに組員数を減らし、最終的には山口組全体の消滅へと、歩を進めているのかもしれない。

こういう時代を背景として織田絆誠が登場した。筆者はこれを歴史的必然に近いものと見ている。ちょうど敗戦直後、田岡一雄が登場し、三代目山口組を日本一の組織に育て上げたように、織田絆誠が今の時代を背景として、これから活躍できる舞台に立った。

「山口組三国志」の決着はどうつくのか、誰にもわかるまい。六代目山口組が勝ったなら、それは既成勢力が持つ根強さのせいであり、暴力団と暴力団を取り巻く状況は何一つ変わらなかったことを意味する。

神戸山口組が勝つことは今ではあり得まい。組長・井上邦雄は組長・司忍と同様、組員からの信用と敬愛の念を失い、ますます少数勢力へと削り落とされよう。山健組が長年持った「強いイメージ」もそうとう損なわれ、実際に数を減らしている。

本書は織田絆誠氏を基軸に置いて、今の山口組の状況がどうかを検証し、将来展望に資することを目的としている。

織田氏は本書刊行の意味を理解し、筆者に全面協力してくれた。何度ものインタビューだったが、面倒がらずに応じてくれ、事実がどうだったか、多くの人に知らせることを願っていた。織田氏は事実が状況を変え、事実が人を打つと信じている。筆者も同じである。クソがつくリアリズムの信奉者なのだ。任侠山口組の本部長・池田幸治氏も筆者を助けてくれた。彼も勇気をもって四囲の厳しさを押しのけ、本書のために力のこもったストレートな体験談を披露してくれている。

あるいは、人により、本書の記述に傷つく人がいるかもしれない。そういう人にはお詫びしたい。しかし、事実は曲げられないこともご理解していただかねばならない。

本書の刊行には「週刊現代」編集部・木原進治氏のお力添えがあった。録音音声の反訳など、彼の協力なしに、本書は成らなかっただろう。単行本化に当たっては講談社第一事業局次長兼企画部長・柿島一暢氏のお世話になった。末尾ながら記して謝意を表したい。

二〇一七年一〇月

（本文中において敬称はすべて略させていただいた）

溝口　敦

溝口敦―ノンフィクション作家。ジャーナリスト。1942年、東京都に生まれる。早稲田大学政治経済学部卒業。出版社勤務などを経て、フリーに。著書には『暴力団』（新潮新書）、『血と抗争　山口組三代目』『山口組四代目　荒らぶる獅子』『武闘派　三代目山口組若頭』『ドキュメント　五代目山口組』『山口組動乱!!　日本最大の暴力団ドキュメント2008～2015』（以上、講談社＋α文庫）などの一連の山口組ドキュメント、さらに『食肉の帝王』（講談社＋α文庫）、『詐欺の帝王』（文春新書）、『パチンコ「30兆円の闇」』（小学館文庫）などがある。『食肉の帝王』で第25回講談社ノンフィクション賞を受賞した。

講談社＋α文庫　山口組三国志《やまぐちぐみさんごくし》　織田《おだ》絆誠《よしのり》という男《おとこ》

溝口《みぞぐち》敦《あつし》

2018年 9 月20日第 1 刷発行
2020年 9 月17日第 3 刷発行

発行者――渡瀬昌彦
発行所――株式会社 講談社
東京都文京区音羽2-12-21 〒112-8001
電話 編集(03)5395-3522
販売(03)5395-4415
業務(03)5395-3615

デザイン――鈴木成一デザイン室
カバー印刷――凸版印刷株式会社
印刷――株式会社新藤慶昌堂
製本――株式会社国宝社

落丁本・乱丁本は購入書店名を明記のうえ、小社業務あてにお送りください。
送料は小社負担にてお取り替えします。
なお、この本の内容についてのお問い合わせは
第一事業局企画部「＋α文庫」あてにお願いいたします。
Printed in Japan ISBN978-4-06-513129-9
定価はカバーに表示してあります。